KURZE EINFÜHRUNGEN
IN DIE GERMANISTISCHE LINGUISTIK

Band 19

Herausgegeben von
Jörg Meibauer
und
Markus Steinbach

TABEA BECKER
JULIANE STUDE

Erzählen

Universitätsverlag
WINTER
Heidelberg

Bibliografische Information der Deutschen Nationalbibliothek
Die Deutsche Nationalbibliothek verzeichnet diese Publikation
in der Deutschen Nationalbibliografie;
detaillierte bibliografische Daten sind im Internet
über *http://dnb.d-nb.de* abrufbar.

TABEA BECKER ist Professorin für Sprachdidaktik und Sprachwissenschaft an der Leibniz Universität Hannover. Ihre Arbeitsgebiete sind neben dem Erzählen und dem Erzählerwerb der Schriftspracherwerb, Grammatik und Grammatikdidaktik sowie der Erwerb von Deutsch als Erst- und Zweitsprache.

JULIANE STUDE ist Professorin für die Didaktik der deutschen Sprache an der Westfälischen Wilhelms-Universität Münster. Ihre Arbeitsschwerpunkte liegen in den Bereichen Erzählen, mündlicher und schriftlicher Diskurserwerb sowie Sprachbewusstheit.

ISBN 978-3-8253-6725-1

Dieses Werk einschließlich aller seiner Teile ist urheberrechtlich geschützt. Jede Verwertung außerhalb der engen Grenzen des Urheberrechtsgesetzes ist ohne Zustimmung des Verlages unzulässig und strafbar. Das gilt insbesondere für Vervielfältigungen, Übersetzungen, Mikroverfilmungen und die Einspeicherung und Verarbeitung in elektronischen Systemen.
© 2017 Universitätsverlag Winter GmbH Heidelberg
Imprimé en Allemagne · Printed in Germany
Druck: Memminger MedienCentrum, 87700 Memmingen
Gedruckt auf umweltfreundlichem, chlorfrei gebleichtem
und alterungsbeständigem Papier.

Den Verlag erreichen Sie im Internet unter:
www.winter-verlag.de

www.kegli-online.de

Inhaltsverzeichnis

1. Einleitung 1

2. Was ist Erzählen? 5
2.1 Das Erzählen und seine Verwandten 5
2.2 Erzählen als Konitnuum 10
2.3 Zusammenfassung 16

3. Charakteristika des Erzählens 18
3.1 Erzählen als Text 18
3.2 Struktur 21
3.3 Tempus 25
3.4 Rede- und Gedankenwiedergabe 29
3.5 Weitere erzähltypische sprachliche Mittel 34
3.6 Zusammenfassung 36

4. Dimensionen des Erzählens 39
4.1 Medialitäten des Erzählens 39
4.2 Modalitäten des Erzählens 43
4.3 Funktionen des Erzählens 48
4.4 Zusammenfassung 59

5. Erzählerwerb 61
5.1 Teilfähigkeiten narrativer Kompetenzen 63
5.2 Kognitive und sozial-kognitive Voraussetzungen zu Beginn des Erzählerwerbs 68
5.3 Erwerbsprozesse im Vorschulalter 69
5.4 Erwerbsprozesse in der Primar- und Sekundarstufe 70
5.5 Mechanismen des Erwerbs 72
5.6 Zusammenfassung 74

6. Didaktik des Erzählens 76
6.1 Diagnose 76
6.2 Didaktik des mündlichen Erzählens 78
6.3 Didaktik des schriftlichen Erzählens 86

Literatur 91

Glossar 98

Sachregister 99

1. Einleitung

Das Erzählen ist eine ganz grundlegende sprachliche Handlung, die wir uns bereits im Kindesalter aneignen und die wir wohl zu allen Zeiten und in allen Sprachen vorfinden. Es zeigt sich zudem in derlei vielen Spielarten, dass man in einem Einführungsband wie diesem nicht umhinkommt, gegenstandsbezogene Eingrenzungen vorzunehmen. So soll es im Folgenden nicht um Formen epischer Literatur oder um das dramatische Erzählen, sondern vor allem um das *Alltagserzählen* – in seiner mündlichen und schriftlichen Form – gehen, wie es Untersuchungsgegenstand der linguistischen Erzählforschung, der interaktionalen Linguistik, der Konversationsanalyse und unter Erwerbsgesichtspunkten der Psycholinguistik und der Sprachdidaktik ist. Während wir in der Literaturwissenschaft eher von Erzähl**ung** sprechen und damit dann meist eine literarische Gattung bezeichnen, fokussiert unser Blick die sprachliche kommunikative Handlung des Erzähl**ens**. Durch die verschiedenen wissenschaftlichen Disziplinen und ihre unterschiedliche Perspektive mag der Eindruck erweckt werden, diese verschiedenen Arten des Erzählens seien klar voneinander abzugrenzen. Dies erweist sich in der Praxis jedoch oft als schwierig, da die Übergänge manchmal fließend sind. Wenn ein Kind z.B. im schulischen Kontext eine Fantasiegeschichte mündlich erzählt oder aufschreibt, könnte dies sicher auch als eine Form des literarischen Erzählens betrachtet werden. Auch dominieren wohl die Gemeinsamkeiten und so könnte man vielleicht als kleinsten gemeinsamen Nenner formulieren:

> Erzählen ist die Wiedergabe zusammenhängender Ereignisse.

Mit einem derartigen Verständnis ist jedoch die Gefahr verbunden, dass fast beliebig viel darunter gefasst werden kann. Tatsächlich sprechen einige davon, dass das Erzählen mit seinen englischen Gegenstücken „narrative" und „storytelling" zu einem Modewort avanciert ist, denn auch andere Disziplinen haben sich dieses Begriffes bemächtigt und nennen z.B. im Zusammenhang mit politischer Meinungsmache das „political storytelling" (Martinez 2011: VII). Zu Beginn dieses Buches werden wir uns daher intensiv damit auseinandersetzen, was unter „Erzählen" verstanden werden kann und welche Charakteristiken mit ihm verbunden sind. Sodann widmen wir uns den verschiedenen Spielarten, in denen Erzählen auftritt, und den Funktionen, die es erfüllen kann. Schließlich wollen wir uns auch noch mit der Frage auseinandersetzen, wie Erzählen gelernt und gelehrt wird.

Wissenschaftsgeschichtlich liegen die Anfänge der Erforschung des „Erzählens innerhalb von Gesprächen" in den 60er und 70er Jahren. In dieser Zeit untersuchte eine aus der Soziologie kommende Forschergruppe um Harvey Sacks, Gail Jefferson und Emanuel Schegloff anhand ethnologischer Verfahren, wie sprachliche Interaktionen ablaufen. Sie nutzten dazu erstmals transkribierte Audio- und später Videodaten. Man bezeichnet diese Forschungsrichtung heute als Ethnomethodologische Konversationsanalyse. Sie zielt darauf ab, präzise jene alltagspraktischen Prinzipien und Verfahren (Methodologie) zu beschreiben, mit denen SprecherInnen als Mitglieder bestimmter sozialer Gruppen (ethnos) Gesprächswirklichkeit herstellen. So fragt sie beispielsweise, mit welchen mehr oder weniger routinierten Methoden des Handelns Interaktanten einander kenntlich machen, wie sie den bisherigen Gesprächsverlauf verstehen oder auch wie sie z.B. anzeigen, dass ein Gespräch bald beendet sein wird.

Basis der Arbeit der Gesprächsforscher und auch Basis für die Betrachtungen in diesem Buch sind meist Daten authentischer (mündlicher) Gespräche. Um diese Gespräche der Analyse zugänglich zu machen, ist es unvermeidbar, diese zu transkribieren. Daher erscheint es uns hilfreich, die Einführung für dieses Buch auch mit einer Einführung in das Arbeiten mit Transkripten zu versehen. Um gesprochene Sprache trotz ihrer Flüchtigkeit untersuchen zu können, ist es unabdingbar, Ton- oder Videoaufnahmen anzufertigen. Nun wird sie – in oft mühevoller Arbeit – transkribiert, also mittels spezifischer Konventionen verschriftet. Die Herausforderung, die solche besonderen Transkriptionsverfahren notwendig macht, besteht darin, dass zum einen oft mehrere Personen an einem Gespräch beteiligt sind und kenntlich gemacht werden muss, wer gerade spricht. Zum anderen sollte ersichtlich werden, wenn z.B. zwei Personen gleichzeitig sprechen oder gelacht und gestikuliert wird. Für eine spätere Analyse der Gespräche sind außerdem weitere Informationen wichtig, die aus einer einfachen Vertextung nicht entnommen werden könnten, wie etwa Lautstärke, Sprechgeschwindigkeiten, Betonungen oder auch Pausen.

Generell erfordert das Lesen von Transkripten einige Gewöhnung, da wir üblicherweise nur lesen, was auch zum Lesen gedacht ist. Als im Rahmen des Watergate-Skandals die Telefonprotokolle von Richard Nixon, dem US-Präsidenten, publik wurden, war die

Öffentlichkeit nicht nur wegen des Inhalts schockiert, sondern auch wegen Nixons vermeintlich schlechtem Englisch. Nur sehr wenigen versierten Rednern gelingt es, „druckreif" zu sprechen. Im Alltag ist unsere Sprache voll von Ausdrücken wie „äh", „mhm" und „irgendwie", die man in geschriebenen Texten nicht erwarten würde, die aber der Gliederung des Gesprächs dienen. Den meisten folgenden Transkripten liegt das „Gesprächsanalytische Transkriptionssystem" (GAT, Selting et al. 1998, 2009) zugrunde, auf das sich eine Gruppe von GesprächsforscherInnen in der BRD geeinigt hat. Zentrale Konventionen daraus finden sich in der folgenden Liste. Da jedoch die Beispiele aus diesem Buch aus ganz unterschiedlichen Forschungskontexten stammen, bleiben gewisse Unterschiede erhalten. Zudem haben wir an einigen Stellen die Transkripte zugunsten der Leserlichkeit vereinfacht.

Sequenzielle Struktur/Verlaufsstruktur
[ ]   Überlappungen und Simultansprechen
=   schneller Anschluss neuer Turns oder Einheiten

Pausen
(.)   Mikropause
(-), (--), (---) kurze, mittlere, längere Pausen von ca. 0.25
                - 0.75 Sek.; bis ca. 1 Sek.
(2.0)   geschätzte Pause, bei mehr als ca. 1 Sek.
                Dauer

Sonstige segmentale Konventionen
und=äh   Verschleifungen innerhalb von Einheiten
:, ::, :::   Dehnung, Längung, je nach Dauer
äh, öh, etc.   Verzögerungssignale, sog. "gefüllte Pausen"
'   Abbruch durch Glottalverschluss

Lachen
so(h)o   Lachpartikeln beim Reden
haha hehe   silbisches Lachen
((lacht))   Beschreibung des Lachens

Akzentuierung
akZENT   Primär- bzw. Hauptakzent
ak!ZENT!   extra starker Akzent

Tonhöhenbewegung am Einheitenende
?   hoch steigend
,   mittel steigend
;   mittel fallend
.   tief fallend

Zur Veranschaulichung der Transkriptionskonventionen soll die folgende Beispielerzählung dienen (das Ende der Erzählung ist auf Seite 36ff. abgedruckt). Zwei junge Frauen (abgekürzt T. und L.) unterhalten sich in einem Café (Transkript mit freundlicher Genehmigung von Luisa Lehmann). Zur besseren Bezugnahme und übersichtlicheren Gestaltung werden die Zeilen nummeriert.

(1) IPAD

```
01   L:   ich hab im moment EH glaub ich so ne trottelphase.
     T:   <<verschwörerisch-aufgeregt> ja=du AUCH?> ((lacht))
          <<quietschend> i:h au ->
     L:   äh (.) ich hab gestern fast stephans ipad zerSTÖRT;ne,
05   T:   Kacke. Oh-
     L:   Äh:,
     T:   wie hast du DAS hingekriegt?
     L:   ich hab so ne ANgewohnheit (.)
          die ist vielleicht auch nicht die BESTE,
10        aber wenn ich irgendwie länger was in der küche MAche,
     T:   ja?
     L:   dann nehm ich mir das gerne MIT-
     T:   (.)ja:;
     L:   und hör muSI:K,
15        oder guck irgendwie nen paar youtubevideos-
     T:   habt ihr kein norMALes radio (.) in der KÜche?
     L:   Nee- (.)
          wir benutzen eigentlich als radio IMmer nur das ipad;
     T:   okay (.) hm-
20   L:   also auch im WOHNzimmer weil der KLANG ist ziemlich
          gut (.) also-
     T:   jaa (.) nö: das kann ich verstehen-
          in der kÜche muss ich auch immer musik haben;
     L:   <<grinsend> jaaa > ((lacht)) und-
25        ich mach das dann halt auch so,
          wenn ähm wenn der HERD nicht an ist,
          dann stell ich das auch da DRAUF (.)
          also <<lachend mit Gestik> huch so-ne?>,
     T:   ((lacht))oKAY:::-
30   L:   [das -
     T:   [ja GU:T
     L:   [ist dann schon MA::L;]
     T:   [warum nicht?
          also ich kann das [eigentlich verSTEHen
35   L:                    [Ja wenn der KALT ist;ne?
          also nich wenn ich den gerade benutzt hab-
     T:   Ja:
```

Aufgabe: Bitte lesen Sie das Transkript aufmerksam und versuchen Sie in einem zweiten Schritt laut zu lesen und dabei die oben angegebenen Konventionen zu berücksichtigen.

Weiterführende Literatur: Deppermann (2008); Heller/Morek (2016); Selting et al. (1998); Selting et al. (2009).

2. Was ist Erzählen?

2.1 Das Erzählen und seine Verwandten

Erzählen im Sinne eines Austauschs über Geschehenes, Ausgedachtes oder in der Zukunft Vorgestelltes zählt zweifelsohne zu den zentralen Kommunikationsformen unseres Alltags, und zwar nicht nur im westlichen Kulturkreis. Erzählt wird in jeder Kultur und in jedem Sprachraum. Es gibt keine Gemeinschaft, in der nicht erzählt wird. Offenbar gehört es zu den Grundbedürfnissen der Menschen, Erfahrungen kommunikativ miteinander zu teilen. Doch was zeichnet Erzählen genau aus und worin unterscheidet es sich von verwandten sprachlichen Aktivitäten?

Mit der Verwendung des Begriffs Erzählen meinen wir in unserem alltäglichen Sprachgebrauch ganz Unterschiedliches. Wenn wir etwa ein Kind auffordern zu erzählen, wie es in der Schule war, folgt z.B. – sofern sich nichts Außergewöhnliches zugetragen hat – eher ein nüchterner Bericht als eine emotionsgeladene Erzählung. Bitten wir in einer unbekannten Stadt einen Passanten zu erzählen, wie man am schnellsten zum Bahnhof kommt, wird dieser am ehesten eine (Weg-)Beschreibung produzieren. Oder wenn ein Schüler im Unterricht dazu ermuntert wird, zu erzählen, was genau er mit „globaler Erderwärmung" meine, wird dieser sicherlich eine Erklärung anstelle einer Erzählung anschließen. Auf mehrdeutige Weise subsummieren wir also unter dem Begriff *Erzählen* ganz unterschiedliche sprachliche Handlungen.

Konrad Ehlich (1980) hat als Oberbegriff für solche sprachlichen Handlungen den Terminus **Erzählen 1** geprägt und darunter Handlungen wie Erläutern, Beschreiben, Berichten, Schildern etc. gefasst, denen gemeinsam ist, dass sie komplexe Sachverhaltsdarstellungen beinhalten. Mit Luckmann (1986) kann auch von kommunikativen Großformen des Sprachhandelns gesprochen werden. Erzählen 1 lässt sich von einem enger definierten fachsprachlichen Begriff des Erzählens – **Erzählen 2** – abgrenzen. Mit Erzählen 2, worum es in diesem Band in erster Linie gehen soll, sind bestimmte Strukturierungs- und Darstellungsweisen gemeint, mit welchen zurückliegende (selbst-)erlebte, zukünftige oder fiktive Ereignisse sprachlich vergegenwärtigt werden. Dabei kann der Zuhörer die Geschehnisse nicht nur nachvollziehen, sondern quasi miterleben, bei besonders dramatischen Ereignissen regelrecht mitfiebern. Bei Erzählen 2 ist also deutlich der Anfang und das Ende einer Geschichte wahrnehmbar. Allerdings sind die Begriffe Erzählung und Geschichte nicht immer gleichzusetzen. Aus Lesbarkeitsgründen verwenden wir sie aber an einigen Stellen synonym.

Der Anlass zum Erzählen ergibt sich meist aus dem Umstand, dass etwas Unerwartetes passiert ist, was zugleich das strukturelle Zentrum einer Geschichte ausmacht. Mehrere Definitionen innerhalb der linguistischen Erzählforschung fassen Erzählen daher als einen spezifisch strukturierten abgegrenzten Teil innerhalb eines Gesprächs, der mindestens ein Element der Diskontinuität oder Ungewöhnlichkeit aufweist (Becker 2009: 64). Ausgehend von dieser Konzeption soll nun detaillierter betrachtet werden, worin einerseits Gemeinsamkeiten zwischen dem Erzählen und seinen Verwandten bestehen und welche Spezifika das Erzählen andererseits gegenüber diesen zwar ähnlichen, aber bei näherem Hinsehen doch anders gestalteten sprachlichen Aktivitäten aufweist. Den eine Erzählung umgebenden größeren Gesprächskontext bezeichnen wir im Folgenden als Diskurs.

Erzählen als abgegrenzter Teil des Diskurses

Erzählen findet in Gesprächen statt. Damit lässt es sich zunächst einmal jenen sprachlichen Handlungen zuordnen, die in konversationelle Verständigungsprozesse mit mindestens zwei Beteiligten eingebettet sind. So wird eine Geschichte prototypischer Weise zwar nur von einer Person erzählt, jedoch ist die Beteiligung eines oder mehrerer Rezipienten nicht unerheblich. Dem Rezipienten kommt die wichtige Aufgabe zu, mittels Zuhöreraktivitäten wie Zustimmungssignalen oder Nachfragen anzuzeigen, inwieweit er dem Gesagten folgen kann.

Neben der Einbettung in Gespräche umfasst das Erzählen als weiteres offenkundiges Merkmal mehr als nur eine Äußerung. Hausendorf/Quasthoff (1996/2005) verwenden hierfür den Begriff der **übersatzmäßigen Diskurseinheiten** und betonen damit, dass Erzählen aus mehr als nur einem Satz – oder für das Mündliche gesprochen: aus mehr als nur einer Äußerung besteht. Ein Diskurs ist grundsätzlich so aufgebaut, dass von unterschiedlichen Sprechern Redebeiträge, sog. **Turns**, abwechselnd aufeinander folgen. Somit ergibt sich auf natürliche Weise ein dialogisches Wechselspiel von Rede und Gegenrede, welches auch als **turn-by-turn-talk** bezeichnet wird. Redebeiträge können dabei unterschiedlich lang ausfallen. Manchmal bestehen sie nur aus einem einzelnen Wort, manchmal umfassen sie eine längere Äußerung. Das Besondere an übersatzmäßigen Diskurseinheiten ist nun, dass dieses dialogische Wechselspiel, kurzzeitig unterbrochen wird zugunsten einer Erzählung, bei der es einen **primären Sprecher** gibt, der Raum zur Produktion einer größeren, eben satzübergreifend strukturierten sprachlichen Einheit bekommt. Dass übersatzmäßige Diskurseinheiten ein abgegrenzter Teil des sonstigen Diskurses sind, lässt sich z.b. daran erkennen, dass Sprecher diese i.d.R. zunächst erst ankündigen (A: *Du glaubst nicht, was mir heute in der Straßenbahn passiert ist.*), damit die damit verbundenen Rederechtverteilungen vorab vom Zuhörer ratifiziert werden können (*B: Was denn? Erzähl doch mal!*). Ebenso kennzeichnen sie am Ende einer Diskurseinheit die Rückkehr in den turn-by-turn-talk (*A: Und du hattest mich vorher noch gewarnt!*) und damit auch die Möglichkeit für Anschlusshandlungen für den Zuhörer durch entsprechende Überleitungen (*B: Das ist mir auch schon mal passiert. Neulich...*). Für die interaktive Einbettung von Erzählungen, d.h. auch für das Hervorheben von Geschichtenanfang und -ende innerhalb des sonstigen Gesprächsverlaufs sind Sprecher und Zuhörer also gemeinsam verantwortlich.

Erzählen als kommunikative Gattung mit narrationstypischen Inhaltselementen

Wenn sich zwei oder mehrere Beteiligte über (Selbst-)Erlebtes austauschen, so müssen sie den Aufbau ihrer Geschichten keinesfalls in jedem Gespräch neu erfinden. Vielmehr greifen wir aus Gewohnheit und damit größtenteils unbewusst (Kotthoff 2006) auf Verfestigtes mündlicher Kommunikation zurück. Diese eingespielten Regelhaftigkeiten sind mit Bergmann (1987) als nichtzufällige Lösungen für spezifisch kommunikative Probleme zu verstehen. Das in diesem Zusammenhang einschlägige von Luckmann (1986) und Günthner (1995) ausgearbeitete Konzept der **kommunikativen Gattungen** beschreibt, wie innerhalb einer Sprachgemeinschaft aufgrund wiederkehrender kommunikativer Bedürfnisse (wie im Beispiel des Erzählens etwa die gegenseitige Teilhabe an Erfahrungen) jeweils spezifische Lösungen – oder auch sog. Handlungsmuster – entstanden sind, welche für Interagierende einen entlastenden Orientierungsrahmen bereitstellen. Entlastend deshalb, weil die wiederkehrenden internen Merkmale und der typische sequenzielle Verlauf dabei helfen, sich in durch ein hohes Maß an Gleichförmigkeit gekennzeichneten Kommunikationssituationen (z.B. Wie gebe ich in einem Restaurant eine Bestellung auf? Wie frage ich nach einem Weg? etc.) gesellschaftlich angemessen verhalten zu können.

Auch für das Erzählen gilt, dass es typische Inhalte (Worauf wird in der Geschichte Bezug genommen?) und einen typischen sequenziellen Verlauf dieser Inhalte (In welcher Reihenfolge wird erzählt?) aufweist. Sprecher wissen durch ihre kommunikativen Alltagserfahrungen, wie beispielsweise ein Witz aufgebaut ist und dass die Pointe nicht zu früh realisiert werden sollte. Auch ist ihnen vertraut, dass sich Erzählen aus mehreren Teilhandlungen zusammensetzt. So fangen z.B. westlich geprägte konversationelle Erlebniserzählungen einer Pionieruntersuchung von Labov/Waletzky (1973) zufolge meist mit einer kurzen Zusammenfassung (**Abstract**) an und liefern dann grundlegende Informationen zum Ort, der Zeit und den Protagonisten des Geschehens (**Orientierung**). Als strukturelles Zentrum findet sich eine Komplikation oder auch ein **Planbruch** (Quasthoff 1980). Hiermit ist ein vom „normal course of events" abweichendes, ungewöhnliches Ereignis gemeint, welches die Erzählung letztlich erzählenswert macht. Peterson/McCabe (1983) sprechen daher auch vom „point of a story". Und schließlich enden Erlebniserzählungen mit einer **Auflösung** (hierzu auch Kap. 3.2). Sicherlich ist einzuräumen, dass neben solchen „vollständigen" Erzählungen im sprachlichen Alltag auch noch viele weitere Spielarten des Erzählens anzutreffen sind (ausführlicher Kap. 2.2).

An dieser Stelle bleibt zunächst festzuhalten, dass Erzählungen bestimmte interne gattungsspezifische Inhaltselemente aufweisen, unter denen die Komplikation/der Planbruch eine prominente Stellung einnimmt. Möchte man Erzählen von verwandten sprachlichen Aktivitäten abgrenzen, so eröffnet dieser Blick auf die enthaltenen Inhaltselemente also einen ersten Anhaltspunkt zur Differenzierung. Abzugrenzen vom Erzählen ist unter dieser Sichtweise beispielsweise das *Erklären*, dessen kommunikative Funktion nicht vorrangig in der Segmentierung und Teilhabe an Ereignissen liegt, sondern bei dem das Auflösen von zuvor bestehenden Wissens- und Verstehensdefiziten im Vordergrund steht. Dies zeigt sich entsprechend auch an den Inhalten. Typische Erklärgegenstände sind eher Sachverhalte, Begriffe, Zusammenhänge oder Prozesse (vgl. Morek 2013).

Anders verhält es sich dagegen mit dem *Berichten*. Durchaus können auch hier narrationstypische Inhaltselemente enthalten sein, da es sich ebenfalls um die geordnete Wiedergabe von Geschehenem handelt. Kennzeichnend für das Berichten als narrativer Untertyp ist jedoch sein sachbezogenes Interesse (Kotthoff 2011) und die damit einhergehende relativ „nüchterne" Mitteilungsweise über den

Sachverhalt (vgl. Mückel 2013), bei der eine für das Erzählen typische emotionale Qualifizierung gerade fehlt. So sind zwar viele beschreibende Elemente, jedoch kaum Detaillierungen (als Prämisse gilt eher „kurz und knapp") und keine Dramatisierungen oder gar ein Spannungsaufbau enthalten. Neben der internen Struktur lässt sich als weiteres Bestimmungsstück für das Erzählen also eine spezifische Darstellungsweise ausmachen, die im nächsten Abschnitt näher erläutert wird.

Erzählen als re-inszenierender Darstellungstyp

In den meisten Funktionsbestimmungen des Erzählens wird das Teilen von Erfahrungen mit Anderen hervorgehoben (ausführlicher Kap. 4.3). Wie oben schon angedeutet, geht es also um eine Ereignisdarstellung, die dazu dient, den Zuhörer emotional einzubeziehen. Von berichtenden oder beschreibenden Ereignisdarstellungen unterscheidet sich Erzählen dadurch, dass der Erzähler „seine persönliche Einstellung zum Ereignisverlauf für den Zuhörer kenntlich macht" (Meng 1991: 82) und damit die Geschichte auf besondere Weise perspektivisch strukturiert. Zu den sprachlich-kommunikativen Formen der Kennzeichnung der eigenen Sicht auf die erzählten Ereignisse zählen z.b. lexikalische Verfahren der **Evaluation** (z.B. *das war so witzig*), mit denen bewertungsrelevante Aspekte des Ereignisses wie z.b. das Erleben der beteiligten Personen oder Ereigniskonsequenzen verbalisiert werden (ebd.). Durch solche und andere evaluative Mittel (ausführlicher Kap. 3.5) geht das Erzählen also über das bloße Verbalisieren von Handlungssequenzen hinaus, vielmehr zielt es auf das „Herstellen einer gemeinsamen Welt" (Ehlich 1983) zwischen Erzähler und Zuhörer ab, indem das Geschehene für den Zuhörer re-inszeniert wird (vgl. auch Klann-Delius 2005). Treffend differenziert Bruner (1986) diesbezüglich zwei Dimensionen von Narrationen, an denen sich nochmals verdeutlichen lässt, worin sich Erzählen von seinen Verwandten unterscheidet: Unter der ersten Dimension narrativer Darstellungen („landscape of action") fasst Bruner die Wiedergabe beobachtbaren Handelns der Beteiligten. Dahingegen zielt die zweite – wenn man so will narrationsspezifischere – Dimension („landscape of consciousness") auf das Bewusstsein der Handelnden ab, also die Darstellung ihres Innenlebens, wie z.B. ihre emotionalen Reaktionen, Wünsche und Gedanken. Bei einem Bericht für ein polizeiliches Unfallprotokoll etwa kommt es beispielsweise darauf an, dass der Berichtende genaue Details über die Handlungsabfolge bereitstellt, während eine ausschmückende Darstellung der eigenen Gedanken und Gefühle während des Unfallgeschehens weder notwendig noch vom Polizeibeamten erwünscht ist. Gibt dieselbe Person an diesem Tag den Unfall innerhalb der Familie wieder, so werden Zuhörer vor allem dann interessiert lauschen, wenn genau jene zweite Dimension ausführlich berücksichtigt wird. Erst mit dieser eröffnet sich die Möglichkeit, das Widerfahrene nochmals mitzuerleben. Das Besondere beim Erzählen ist also, dass es das Erlebte reinszeniert und damit eine spezifische Form der Beteiligung auch des Zuhörers (wie z.b. Zustimmen, Erstauntsein, Bedauern etc.) schafft. Folglich zeichnet sich das Erzählen im Vergleich zu berichtenden oder beschreibenden Diskursaktivitäten durch ein hohes Maß an Subjektivität, Bewertungen und Emotionalisierung aus. Besonders deutlich wird dies bei der Markierung der Komplikation/des Planbruchs. Zu den charakteristischen Gestaltungsmitteln hierfür zählt neben **Temporaladverbien** (wie z.b. plötzlich, auf einmal) etwa das Verwenden des **szenischen Präsens** (A: *Ich ging da ganz normal die Straße lang, kommt da so ein Typ auf mich zu....*) oder der **direkten Rede** (*...und sagt: stehenbleiben*). In Kapitel 3 werden wir uns noch näher mit den typischen Gestaltungsmitteln von Erzählungen beschäftigen.

2.2 Erzählen als Kontinuum

Wie sich nun gezeigt hat, fällt es nicht leicht, zwischen dem Erzählen und verwandten komplexen sprachlichen Handlungen eindeutige Grenzziehungen vorzunehmen. Um der Vielfalt des Erzählens Rechnung zu tragen und gleichzeitig typische von weniger charakteristischen Erzählformen unterscheiden zu können, wurde vorgeschlagen, Erzählen als ein **Kontinuum** zu konzipieren (Ochs/Capps 2001). Hierbei werden zwei Endpunkte definiert. Am einen Endpunkt befindet sich die prototypische Erzählung (*default narrative*), die alle Eigenschaften einer „idealen" oder „perfekten" Erzählung aufweist und damit dem Erzählen 2 zuzuordnen wäre. Am anderen Ende ist die unspezifische Erzählung verortet, die oft gar nicht als Erzählung im engeren Sinne (vgl. Kap. 2.1) zu erkennen ist und damit größere Nähe zu Erzählen 1 aufweist. Diese Endpunkte des Kontinuums können nun entlang von verschiedenen Beschreibungsebenen (Becker 2009 in Anlehnung an Ochs/Capps 2001) durch unterschiedliche Ausprägungen der folgenden Eigenschaften gekennzeichnet werden:

1. **Autorenschaft/Einbettung:** *Wer* erzählt und *wie* ist die Erzählung in den (Gesprächs-)Kontext eingefügt? Prototypisch wird eine Erzählung lediglich von einer Person erzählt. Erzählungen im Alltag werden aber auch oft von mehreren Personen gemeinsam erzählt. Beim kollaborativen Erzählen können die Redeanteile der verschiedenen Personen durchaus unterschiedlich gewichtet sein, sodass wir von primären und sekundären Erzählern und insgesamt von „**ko-konstruierten** Erzählungen" sprechen. Eng verwandt mit der Frage der Autorenschaft ist die Einbettung einer Erzählung. Mündliche Erzählungen sind in der Regel in ein Gespräch eingebettet. Eine typische Erzählung ist dabei klar abgegrenzt von diesem sie umgebenden Gespräch. Oft nutzen wir spezifische Formeln oder Muster, um den Übergang zwischen Gespräch und Erzählung zu markieren, etwa *Ich muss euch unbedingt was erzählen...* oder *Mir ist da neulich auch was ganz Witziges passiert...* Es kommt aber auch vor, dass eine Erzählung mit dem Gespräch eng verwoben ist und eine eindeutige Abgrenzung gar nicht möglich, nämlich vor allem dann, wenn mehrere Sprecher zu der Erzählung beitragen.

2. **Erzählwürdigkeit:** Wie erzählenswert ist die Erzählung? Eine idealtypische Erzählung beinhaltet etwas Spannendes, Überraschendes, Ungewöhnliches und damit Erzählwürdiges. Wie erzählwürdig etwas ist, kann natürlich ebenfalls stark variieren. So gibt es Geschichten, die uns verblüffen oder mitreißen können, aber auch solche, die nur ein leichtes Achselzucken auslösen. Auf Seiten des Erzählers werden Geschichten mit sehr hoher Erzählwürdigkeit oft mehrfach wiederholt und dabei auch gerne variiert. Geschichten mit geringer Erzählwürdigkeit dagegen werden möglicherweise nur zögerlich erzählt.

3. **Literalität:** Als eine idealtypische Erzählung wird sie typischerweise dann gewertet, wenn sie Eigenschaften schriftlicher Sprache besitzt. Je literarischer und damit meist auch **literaler** eine Erzählung ist, desto eher wird sie auch als Erzählung wahrgenommen. Als typisch für literale, also schriftorientierte Sprache gelten z.B. spezifische Formeln oder Wendungen (z.B. *Einst lebte...*), eine entsprechende Lexik (Wortwahl), aber auch morphologische (z.B. der Gebrauch von Präteritum vgl. Kap. 3.3) und syntaktische Elemente (komplexere Syntax). Den Gegenpol besetzt eine deutlich umgangssprachlich realisierte Erzählung, die typische Merkmale von **oraler**, also gesprochener Sprache besitzt.

4. **Linearität:** In welcher Ordnung oder Reihenfolge wird erzählt? In der prototypischen Erzählung werden einzelne Ereignisse chronologisch linear aneinandergereiht. Diese Normvorstellung wird auch sichtbar, wenn der Erzähler – oft gerade Kinder – angewiesen wird: *Jetzt erzähl' mal der Reihe nach.* Nicht nur in Alltagserzählungen, auch in literarischen Erzählungen wird aber nicht selten von einer temporalen oder kausalen Progression abgewichen.

5. **Wertung:** Wie wird die Erzählung bewertet? Der Erzähler nimmt in der Regel eine Haltung in Bezug zu seiner Erzählung ein. So kann er sie – eventuell gleich zu Beginn – explizit als witzige, merkwürdige, aufregende Geschichte präsentieren. Im Idealfall bleibt der Erzähler bei einer einmal eingenommenen Haltung während seiner Erzählung. Gerade bei Erzählungen, bei denen mehrere Erzähler agieren, kommt es oft zu einem Wechsel in Perspektive und Bewertung.

Man kann dieses Kontinuum durch die folgende Graphik veranschaulichen.

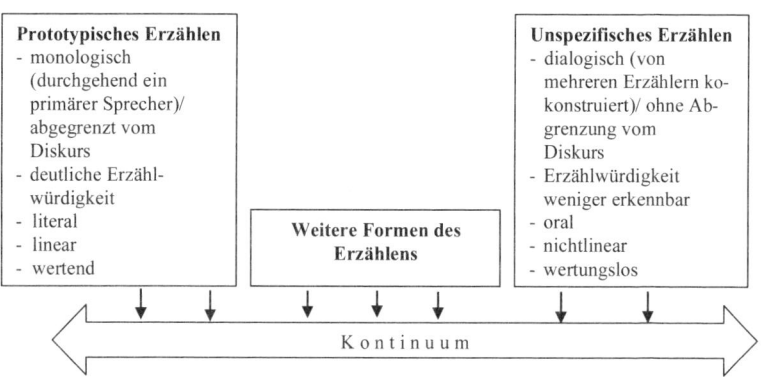

Abb. 1: Erzählen als Kontinuum

An den folgenden zwei Beispielen möchten wir nun veranschaulichen, wie diese fünf Beschreibungsebenen für eine Analyse herangezogen werden können, um eine Erzählung auf dem Erzählkontinuum zu verorten. Die beiden Extrempole fungieren dabei als Orientierungspunkte, sie erheben nicht den Anspruch innerhalb eines Datenbeispiels „vollständig" abbildbar zu sein. Vielmehr dienen die Beschreibungsebenen dazu, jeweils Nähe oder Ferne zu einem der beiden Pole aufzuzeigen. So verstanden handelt es sich im ersten Beispiel eher um prototypisches Erzählen, das zweite Beispiel illustriert hingegen eher unspezifisches Erzählen.

Das folgende **Transkript** ist eine Erlebniserzählung eines Erstklässlers. Zuhörer sind ein anderes Kind und eine Interviewerin.

(2) Krankenhaus
K = Kind, E = Erwachsener

```
01   K:    Einmal bin ich ins krankenhaus gekommen mit keuch-
           husten (..)
     E:    Und wie war das, erzähl mal!
     K:    Da, da konnt ich auf einmal net mehr re:den und
05         da hat die Oma de doktor schrIEfer angerufen, aber der
           war net da:, da hammer halt de doktor rüschler geholt,
           der hat mir dann zwei zäpfchen gegeben wie ich im
           krankenwagen war und dann bin ich ins krankenhaus ge-
           kommen, de nächste tag dürft ich wieder heim, normal
10         sollt ich noch ein tag zur umguckung dortbleiben, aber
           ich konnt auch wieder heim, da gings mir wieder
           besser.
```

Betrachten wir uns dieses Transkript nun in Bezug auf die fünf Beschreibungsebenen.

- Die erste Ebene, die der *Autorenschaft* und *Einbettung*, kann folgendermaßen beschrieben werden: Nachdem das Kind eine kurze thematische Zusammenfassung (Z. 01 *Einmal bin ich ins krankenhaus gekommen mit keuchhusten*) des Erlebnisses präsentiert (auch „Abstract" genannt, vgl. Kap. 3.2), fordert der Interviewer das Kind explizit auf, die eigentliche Erzählung zu liefern. Diese folgt, ohne dass nun die Zuhörer weiter in das Geschehen eingreifen oder etwa ein weiterer Sprecher Redeanteile übernimmt. Erst am Ende nimmt der Hörer, der ja in diesem Fall auch der Interviewer ist, wieder den Gesprächsfaden auf, was allerdings nicht mehr im Transkript festgehalten wurde. Es handelt sich also um eine Autorenschaft, die weitgehend einer Person eindeutig zugeschrieben werden kann, dadurch kann auch die Erzählung selbst klar vom übrigen Diskurs abgegrenzt werden.

- Die zweite Ebene umfasst die *Erzählwürdigkeit*. Das Kind erzählt in der Sequenz von einer ernsten Krankheit (Z. 04 *da konnt ich aufeinmal net mehr re:den*). Die Erzählwürdigkeit der Geschichte hebt das Kind vor allem durch das Einbauen von alles andere als alltäglichen „Hürden" bis zur Heilung hervor (Nichterreichen des vertrauten Arztes, Medikamentenzufuhr bereits auf der Fahrt im Krankenwagen, potentiell längerer Krankenhausaufenthalt).

- Die Ebene der *Literalität* ist in unserem Beispiel eher wenig ausgeprägt, was für mündliche Erlebniserzählungen allerdings typisch ist. Lediglich der Eingangssatz *einmal bin ich...* entspricht einer typischen (literalen) Erzählformel. Darüber hinaus finden wir kaum literale Wörter und Wendungen. Auch das sonst in schriftsprachlich geprägten Erzählungen übliche distanzierendere Präteritum weicht hier meist dem nähesprachlichen Perfekt.
- In Bezug auf die Ebene der *Linearität* entspricht die Erzählabfolge einer strengen Chronologie. Die Ereignisse werden genau in der Reihenfolge wiedergegeben, in der sie geschehen sind. Es finden keine Sprünge oder Rück- und Vorverweise statt.
- Für die Beschreibungsebene der *Bewertung* lässt sich im Beispiel beobachten, dass das Kind vorrangig „nüchterne" Formulierungen wählt. Eine sprachliche Markierung, wie man sie erwarten würde, die das Schmerzvolle und Bedrohliche der Erfahrung herausstellt, findet sich nicht bzw. müssten für eine umfassende Einschätzung auch Gestik, Mimik oder Intonation berücksichtigt werden. So illustriert das Beispiel gleichsam, dass bei der Analyse kindlicher Erzählproduktionen mitzubedenken ist, dass junge Sprecher sich erst im Prozess der Aneignung solcher explizit sprachlichen Bewertungsverfahren befinden.

Das zweite Beispiel, ein Gespräch unter vier Jugendlichen über das Weihnachtsessen, kann eher am anderen Ende des Kontinuums verortet und damit als ein unspezifisches Erzählen oder als Erzählen im weiteren Sinne gewertet werden. Ein Ansatz einer Erzählung im engeren Sinne lässt sich allenfalls erst ab Z. 23 ausmachen.

(3) Weihnachtsessen
4 Jugendliche: S, K, N, P

```
01   S:   FIschplatten an weihnachten kann ich wirklich GAR
          nicht mehr sehen, Jedes jahr das gleiche;
     K:   ja:: das versteh ich gu:t
     S:   habt ihr das auch?
05   K:   ne:: wir äh ja haben eigentlich ((lacht)) jedes jahr
          Ka:rTOFFeln mit rotkohl und FLEISCH und so:ße dazu;
     N:   HEIligabend?
     K:   ja: also äh so das STANDARD DEUTsche MITtag(.)essen
          ((lacht)) ham wir dann immer,
10   N:   ich glaub auch nicht, dass so viele FISCHplatten
          haben, WEIL (-) ganz viele essen ja auch GANS oder so;
          nä? (---)
     S:   ja:: ich glaube, das ist nur bei uns so: ((lacht))
          also [((lacht))]
```

```
15    P:    [ja ICH kenn das ICH kenn das aber auch gut]also bei
            uns ist das ja so: mein vater am dreiundzwanzigsten
            geBURtsta:g,[und]
      N:    [ja]
      P:    DANN gibts immer die fischplatte; das ist das ZÄHLT
20          quasi zu weihnachten[und]
      N:    [ja:: oke:]
      P:    ((stöhnt))
      K:    ne Also DIEses jahr war das sogar NOCH anders bei uns-
            DA hatten wir nur REI=IS mit äh n bisschen gemüse und
25          ich weiß gar nicht mehr IRGEND ner soße dazu: also
            GARnicht so: ((lacht)) beSONders-
      N:    damit man hinterher noch richtig süßigkeiten essen
            kann; nä? Damit noch platz da: ist-
      K:    ((lacht)) sozuSAgen ((lacht))
```

Die Jugendlichen berichten im Sinne von Erzählen 1, was in ihren Familien an Weihnachten gegessen wird, die Sequenz wird also von allen vier Gesprächsteilnehmern ko-konstruiert, jeder trägt Informationen bei, so dass man nicht mehr von einem Erzähler und einem oder eben mehreren Zuhörern sprechen kann. Auch ist die Sequenz in das Gespräch verwoben, es findet keine Abgrenzung statt. In Bezug auf die zweite Ebene, die Erzählwürdigkeit, lässt sich der Abschnitt als nur gering relevant einstufen, schließlich werden keine besonderen oder ungewöhnlichen Vorkommnisse erwähnt. Auch der Grad an Literaliät kann als sehr gering gewertet werden, da es sich sowohl lexikalisch als auch morpho-syntaktisch um typisch Gesprochen-Sprachliches handelt: Wir finden Verschleifungen (z.B. Z. 09 *ham wir* statt *haben wir*), Klitisierungen (Z. 19 *gibts* statt *gibt es*), Diskursmarker (Z. 23 *Also*), Partikel (Z. 16 *ja*) etc. Die vierte Ebene der Linearität ist an diesem Beispiel nicht einfach festzulegen, da es sich nicht um chronologische Ereignisse handelt. Wertungen finden sich lediglich in impliziter Form und erfolgen etwa über Stöhnen und Lachen wie z.B. in Z. 26: *also GARnicht so: ((lacht)) beSONders*.

Insgesamt würde diese Sequenz wohl kaum überhaupt noch als eine Erzählung gewertet, sondern vielleicht eher als kollektiver Bericht eingeordnet werden. Damit soll verdeutlicht werden, dass das Erzählkontinuum an seinem rechten Ende mit dem unspezifischen Erzählen gleichzeitig einen Übergang bildet zu anderen kommunikativen Gattungen wie etwa dem Berichten oder dem Beschreiben.

Das Konzept des Kontinuums mit seinen fünf Ebenen bietet eine geeignete Basis für die Beschreibung von Erzählungen, da es ermöglicht, auch solche Erzählungen zu berücksichtigen, die nicht unbedingt typische Erzählungen sind oder zumindest in Bezug auf einzelne Aspekte von der prototypischen Erzählung abweichen. Gerade bei der Erforschung von Alltagserzählungen sind die Untersuchungsgegenstände nicht selten solche Erzählungen, die sich am Übergang zum unspezifischen Erzählen befinden. Einzuräumen ist aber sicherlich auch, dass sich mitunter Schwierigkeiten bei der Anwendung der Beschreibungsebenen ergeben können. So ist vor allem eine Bestimmung der Ebenen *Erzählwürdigkeit* und *Bewertung* erschwert, wenn Sprecher und Zuhörer ihre Sichtweisen nur implizit vornehmen.

Für die Erforschung des Erzählerwerbs bietet das Modell des Kontinuums hingegen den Vorteil, es mit einer Erwerbsprogression zu verbinden. Frühe Formen von Kindererzählungen sind meist Erzählungen, die sich eher am rechten Rand einordnen ließen. Im Laufe des Erwerbs werden die Erzählungen dann immer differenzierter und spezifischer, bewegen sich also in Richtung einer prototypischen Erzählung (vgl. Kap. 5.).

2.3 Zusammenfassung

Das Erzählen ist eine zentrale, universelle sprachliche Handlung. Als solche ist sie eng verwandt mit anderen grundlegenden kommunikativen Gattungen wie dem Berichten, Erklären und Beschreiben. Als Charakteristika lassen sich folgende nennen.

Erzählen

- erfolgt als eine mehrere Äußerungen umfassende Diskurseinheit und bildet damit einen abgegrenzten Teil innerhalb eines Gesprächs;
- weist in struktureller Hinsicht typische Inhaltselemente, wie z.B. Orientierung, Planbruch, Auflösung, auf;
- ist durch spezifische sprachliche Mittel gekennzeichnet, die vor allem Emotionalität und psychische Nähe erzeugen.

Beschreiben und einordnen lassen sich unterschiedliche Spielarten von Erzählungen bezüglich der Dimensionen:

- Autorenschaft/Einbettung
- Erzählwürdigkeit
- Linearität
- Literalität
- Wertung

Aufgabe 1: Sammeln Sie Fälle in Ihrem sprachlichen Alltag, in denen das Wort „erzählen" verwendet wird. Analysieren Sie diese Vorkommen auf ihre Bedeutung hin.

Aufgabe 2: Fassen Sie mit eigenen Worten zusammen, welche Gemeinsamkeiten das *Erzählen* mit dem *Berichten* aufweist und worin andererseits Unterschiede bestehen.

Aufgabe 3: Verorten Sie die folgende Beispielerzählung auf dem Erzählkontinuum. Diskutieren Sie auch die verschiedenen Dimensionen in Bezug auf das Beispiel.

(4) Geburtstagsfeier

```
01   S1:   UND wie war der geburtsTAG? hast du schön KUchen geba-
           cken?
     S2:   äh den hab ich ja freitach schon ferTICH gemacht,
     S1:   ja-
05   S2:   nee war sehr lustig-=
           =die kleine war ECHT gut drauf (.) erstaunLICH=äh, (.)
           also es war SEHR erstaunlich-=
           =weil sie hat nur EIne stunde mittagsschlaf gehabt,
     S1:   wow- (.)
10   S2:   aber sie hat NICH gemeckert,
           sie ist die GANze zeit öh:;
           ja sie wollte immer zu dem HUND;
           conny hatte FLOCKE dabei,=
           =is so=n kleiner weißer CÄsar hund; (-)
15         das war SO geil, ((lacht))
           weil die KREISCHT dann immer so-=
           =so uÄHhh:,
           und flocke hat sich immer total erSCHROCKen-=
     S1:   oh NEIN,
20   S2:   und is immer vor ihr WEGgerannt, ((lacht)) und SIE
           immer hinterher;
     S1:   ((lacht))
     S2:   nein es war SEHR süß-=
           =es war äh ECHT lustig;
```

Grundbegriffe: Diskurs, übersatzmäßige Diskurseinheit, Erzählen 1, Erzählen 2, Planbruch, unspezifische/prototypische Erzählung

Weiterführende Literatur: Kotthoff (2011); Ochs/Capps (2001); Ohlhus (2014); Quasthoff (2001).

3. Charakteristika des Erzählens

> Zur Stadt Paris
> In Langnau im Emmental gab es ein Warenhaus.
> Das hieß Zur Stadt Paris. Ob das eine Geschichte ist?
>
> Aus: Peter Bichsel, Zur Stadt Paris

Bereits im vorangegangenen Kapitel haben wir angedeutet, dass es eine große Herausforderung darstellt, genau zu bestimmen, was das Erzählen eigentlich ausmacht; schließlich handelt es sich um eine überaus vielschichtige und vielfältig verbreitete sprachliche Form. Im Folgenden wollen wir die wesentlichen Aspekte, die das Erzählen charakterisieren, darstellen.

3.1 Erzählen als Text

In Bezug auf allgemeine sprachliche Grundkonzepte wie Wort, Satz und Text fällt das Erzählen unter die Einheit „Text"[1], da es sich in der Regel um eine sogenannte „übersatzmäßige Einheit" (vgl. Kap. 2.1) handelt. Darüber hinaus verfügt es über eine spezifische Struktur, die einen Zusammenhang aufweist. Diese drei Charakteristiken – mehrere Sätze, Struktur und Zusammenhang – führen dazu, dass wir berechtigterweise von einer Erzählung als Text sprechen können. Betrachten wir zunächst die Eigenschaften „übersatzmäßig" und „Zusammenhang", da wir der Struktur das nachfolgende Kapitel widmen werden. Das Kriterium, dass eine Erzählung aus mehreren Sätzen besteht, scheint auf den ersten Blick einleuchtend. Bei näherer Betrachtung stellt sich allerdings die Frage: Was ist überhaupt ein **Satz**? Für die Bestimmung des Begriffes „Satz" soll hier die Definition von Bußmann (2002) genügen: „Redeeinheit, die hinsichtlich Inhalt, grammatischer Struktur und Intonation relativ vollständig und unabhängig ist". Bezüglich der Schriftsprache helfen uns Satzzeichen bei der Bestimmung. Im Mündlichen gestaltet sich die Frage jedoch schwieriger. Im Alltag neigen wir zur Sprachökonomie und verwenden dabei Äußerungen, für die sich nur unzureichend ein an der Schriftsprache orientiertes Satzverständnis als Maßstab anlegen lässt. Etwa gemessen an grammatischer Vollständigkeit kann dabei nur allzu schnell der Eindruck ent-

---

[1] Im Unterschied zum Alltagsverständnis des Wortes „Text" ist die Bezeichnung in der Linguistik nicht an die Schriftlichkeit gebunden, wir sprechen also auch im Falle größerer sprachlicher Einheiten im Mündlichen von Text.

stehen, die Mündlichkeit hinke der Schriftlichkeit hinterher. Vielmehr ist es aber so, dass die gesprochene und die geschriebene Sprache eigenständige Varianten des Sprachsystems abbilden und entsprechend ihrer unterschiedlichen Produktionsbedingungen jeweils verschiedene sprachliche Phänomene hervorgebracht haben. Im Folgenden sprechen wir daher von „Sätzen", wenn wir uns auf die Schriftsprache beziehen und von „Äußerungen", wenn wir Phänomene der gesprochenen Sprache in den Blick nehmen.

(5) **Erlebniserzählung**

```
01   E:   Dir is bestimmt auch schon mal so was passiert.
     K:   Ja, an de Lippe deblutet.
     E:   Und wie is das passiert?
     K:   Da bin ich draußen auf die Steine gefallen beim
05        Christopher sein Hof (--)
     E:   Und wie genau is das passiert?
     K:   Da, da, da wollt ich=n fangen
          und dann aufeinmal wollt ich um die Ecke rennen,
          da bin ich auf die Lippe defallen (--)
10   E:   Und dann?
     K:   Hat dann die Lippe deblutet.
     E:   Und was habt ihr dann gemacht? Seid ihr zum Arzt?
     K:   `Mh`mh (--)
     E:   Is es einfach so wieder geheilt?
15   K:   War schon lange her.
```

Die obige Erlebniserzählung richtet ein ungefähr fünfjähriger Junge an einen erwachsenen Zuhörer. Würde man die Schriftsprache als normativen Bezugspunkt anlegen, so ließen sich in diesem Beispiel gleich mehrere Äußerungen als grammatisch unvollständig identifizieren. Entscheidend ist aber, dass sich im Rahmen mündlicher Kommunikation, aus der dieses Beispiel stammt, dennoch kaum Verständnisschwierigkeiten ergeben. So fehlt zwar z.B. der abschließenden Äußerung *war schon lange her* (Z. 15) das Subjekt, trotzdem kann sich der Hörer auch so den Sinnzusammenhang gut erschließen. Auch wäre ein Subjekt wie *das* oder *es* in diesem Fall ohnehin semantisch relativ leer. Einen Hinweis darauf, dass es sich bei dieser Äußerung um eine vollständige Einheit handelt, liefert die Intonation. Im Transkript ist der Punkt das Zeichen dafür, dass die Tonhöhe fällt. Dies ist ein typisches prosodisches Mittel, um im Gespräch das Ende einer Äußerungseinheit zu markieren, um etwa dem Gegenüber das Rederecht zu übergeben. Und schließlich gibt auch noch der Inhalt Aufschluss darüber, ob die Äußerung vollständig ist. Beim mündlichen Erzählen ist es daher durchaus legitim, einen auch der Mündlichkeit angepassten Satzbegriff anzunehmen.

Allerdings lässt sich zwar festlegen, dass eine Erzählung eine Einheit oberhalb des Satzes ist; wie viele Sätze dies aber mindestens umfassen muss, kann nicht ohne weiteres bestimmt werden.
Das zweite wichtige Kriterium für Text ist der Zusammenhang. In der Linguistik wird hierfür das Begriffspaar **Kohärenz** und **Kohäsion** genutzt. Während Kohärenz als Bezeichnung für den Zusammenhang von Inhalt und Bedeutung verwendet wird, meint Kohäsion meist den Zusammenhang auf der Textoberfläche.

Kohärenz eines Textes ist dann gegeben, wenn die einzelnen Bedeutungselemente in einem „Sinnzusammenhang" stehen, also ein innerer, textstrukturierender Zusammenhang gegeben ist. Bildlich gesprochen kann ein Text dann als kohärent bezeichnet werden, wenn so etwas wie ein roter Faden erkennbar ist.

Unter Kohäsion firmieren die mehr oder weniger explizit verfügbaren sprachlichen Mittel der Verknüpfung. Hierzu zählen **Rekurrenz, Proformen, Ellipsen, Konjunktionen** (im Überblick Rickheit/Schade 2000).

Wir wollen sowohl das Begriffspaar Kohärenz und Kohäsion als auch die dazugehörigen Mittel an der folgenden Fantasieerzählung eines Erstklässlers verdeutlichen.

(6)
```
01   Da war so=n König, der hat ganz gerne gelesen, der hat je
     den Tag nur gelesen und auf einmal hat er keine Bücher mehr
     zum Lesen gehabt und dann hat er keine mehr gehabt und dann
     musste der Schriftsteller wieder immer welche
05   schreiben und auf einmal hat er keine Blätter mehr gehabt
     und dann isser mal weg und dann war dem König ganz langwei-
     lig, dann musste n=anderer Schriftsteller die Bücher
     schreiben, der hat dann auch kein Papier mehr gehabt
     und dann war der andere wieder da und hat n=schönes Buch
10   geschrieben.
```

Entscheidend für die Kohärenz ist die **Koreferenz.** Der Erzähler nimmt mittels unterschiedlicher Ausdrücke (*n=König, er, ein anderer Schriftsteller, der*) immer wieder Bezug auf denselben Gegenstand oder dieselben Personen. Die Verbindung entsteht also dadurch, dass immer wieder vom König, den Büchern und von Schriftstellern die Rede ist. Sie bilden den Sinnzusammenhang.

Um Kohäsion herzustellen, werden die einzelnen Bedeutungsaspekte auf der sprachlichen Oberfläche miteinander verknüpft, und zwar mittels typischer sprachlicher Mittel. Mit *n=König* wird zunächst ein Referent, der auch Hauptaktant ist, eingeführt. Wie üblich, wählt der Erzähler dazu ein Nomen mit unbestimmtem Artikel.

Nun ließe sich der Text auch weiter gestalten, indem lediglich immer wieder *der König* verwendet würde, also eine „Rekurrenz". In Erzählungen jüngerer Kinder können wir eine solche „Nominalstrategie" auch öfters beobachten. Ein kundiger Textkonstrukteur aber wird auf andere sprachliche Mittel zurückgreifen, da diese Strategie auf den Hörer (oder Leser) durch ihre Überdefiniertheit und Überexplizitheit ermüdend wirkt. Daher wird das Pronomen *der* im nächsten Satz dazu genutzt, die Referenz fortzuführen, indem es anaphorisch auf den König zurückverweist. Pronomen oder auch Proformen wie *sie, er, das, welche* oder *einer* haben keine selbstständige Bedeutung, sie können nicht für sich stehen, sondern dienen dazu, innerhalb eines Textes sprachlich „zu zeigen", indem sie auf andere Elemente Bezug nehmen. In Z. 02 verweist *er* auf den König, in Z. 05 dagegen bezieht sich das Pronomen auf den Schriftsteller. Es sind aber genau diese Bezüge, die auch dazu führen, dass sich die einzelnen Sätze zusammenfügen lassen und so der Gesamtzusammenhang entsteht.

Die gleiche Funktion wird durch Ellipsen, also durch das sprachökonomische Weglassen einzelner Elemente in einer Äußerung, erfüllt. In der letzten Z. *und hat n=schönes Buch geschrieben* fehlt das Subjekt, welches sich aber im Satz davor verbirgt (*der andere*). Die Aussparung führt dazu, dass sich der letzte Teilsatz mit dem vorangehenden verbindet.

Ein letztes wichtiges Mittel stellen die Junktoren dar, zu denen Konjunktionen (z.B. *und, oder*) und Subjunktionen (z.B. *nachdem, obwohl, während*) gehören. Besonders häufig wird bei Erzählungen die Form *und dann* verwendet. Im Beispieltext finden wir allein acht Mal *und*, was sie auch zu der prototypischen Konjunktion werden lässt.

Insofern als sprachliche Äußerungen eine kohärente, kohäsive und übersatzmäßige Einheit bilden, können sie als Text bezeichnet werden. Weiterhin entscheidend ist, dass sie über eine spezifische Struktur verfügen, erst dann können sie auch als Erzähltext gelten.

3.2 Struktur

Zur Struktur von Erzählungen ist sowohl im Bereich der Literaturwissenschaft als auch der Linguistik bereits viel geforscht worden. Wir möchten daher nur einen kurzen Überblick geben, ohne allzu tief in die verschiedenen Ansätze und Modelle einzusteigen. Zunächst gilt: Ein Text wird vor allem dann zu einer Erzählung, wenn er über eine **narrative Struktur** verfügt. Wegweisend für Untersuchungen vor allem mündlicher Erzählungen war diesbezüglich der Aufsatz „Narrative Analysis: Oral Versions of personal Experience", der 1967 von William Labov und Joshua Waletzky veröffentlicht wurde. Das darin entworfene Strukturmodell umfasst – wie in Kap. 2 schon kurz skizziert – die Komponenten *Abstract, Orientierung, Komplikation, Evaluation, Auflösung* und *Coda*.

Anhand einer Erlebniserzählung eines Erstklässlers möchten wir diese Komponenten vorführen.

(7)
```
01   K:   Ich bin vom Stein runtergefallen.
     E:   Erzähl mal genauer.
     K:   Ich war beim Friseur, da waren so Steine, da waren wir
          dauernd draufgehüpft, ich und der Gordon und da hat
05        der Gordon mich einmal n=bisschen gestumpt und da war
          ich runtergefallen.
     E:   Und dann, was is passiert?
     K:   Dann hab ich mich so gekratzt, da hatte die Mama kein
          Pflaster dabei und dann hat=se mir einfach so=n Tuch
10        gegeben und da hab=ich=s drauf gemacht.
```

Der Erzähler beginnt mit dem, was Labov/Waletzky (1967) als „Abstract" bezeichnen, er fängt nämlich nicht unmittelbar mit seiner eigentlichen Erzählung an, sondern liefert erst eine Art Kurzzusammenfassung oder Überschrift für das Folgende: *Ich bin vom Stein runtergefallen.*

Dieses Vorgehen ermöglicht dem Hörer, das Erzählvorhaben zu ratifizieren, also ein Signal zu geben, ob der Hörer bereit und willens ist, sich Ausführungen zu diesem Thema anzuhören. So sichert sich der Sprecher außerdem das Rederecht. In unserem Beispiel bestätigt der Hörer dem Erzähler dies erwartungsgemäß mit der Aufforderung, genauer zu erzählen. Nun kann die eigentliche Erzählung beginnen, indem der Hörer zunächst in der Erzählung „orientiert" wird. Diese Orientierung umfasst Informationen zum „Wer, Wo, Was, Wann" (Labov/Waletzky 1967: 27). Für unser Beispiel kann festgelegt werden:

Ort der Handlung (Wo): beim Friseur
Handelnde Personen (Wer): Erzähler und Gordon
Art der Handlung (Was): auf Steinen hüpfen
Zeit der Handlung (Wann): unspezifiziert in der Vergangenheit

Je nach Kontext kann die Orientierungsphase gelegentlich etwas knapp ausfallen oder wird ganz weggelassen. Schließlich verlangt es dem Erzähler auch einiges an Empathie und Fähigkeit zum Perspektivenwechsel vom Erzähler ab, muss er sich doch – um den Hörer auch angemessen orientieren zu können – in dessen Wissens- und Wahrnehmungssituation versetzen.

Auch in anderen Modellen findet sich ein vergleichbares Strukturelement, so z.b. „setting" bei Boueke/Schülein (1995) oder „Exposition". Größere Abweichungen ergeben sich allerdings bei dem, was den Kern der Erzählung ausmacht. Labov/Waletzky (1967) verwenden den Begriff „Komplikation". Diese Komplikation wird in unserem Beispiel realisiert durch: *und da hat der Gordon mich einmal n=bisschen gestumpt und da war ich runtergefallen.*

Aber gerade, was das eigentlich Erzählwürdige und Erzähltypische ist und ausmacht, lässt sich schwer fassen. Andere Modelle nutzen die Begriffe: Planbruch, Minimalbedingung an Ungewöhnlichkeit, Relevanzpunkt. Für unser Beispiel könnten wir in Bezug auf alle diese Konzepte für eine Erfüllung plädieren. Der üblicherweise zu erwartende Ereignisverlauf „normal course of events" (das unfallfreie Herumhüpfen auf den Steinen) wird unterbrochen (durch das Stumpen), es kommt also zu einem „Planbruch": der Junge fällt herunter. Es ist etwas Ungewöhnliches passiert, was es wert ist, erzählt zu werden, und was daher den „Relevanzpunkt" der Geschichte ausmacht (Hoffmann 1984, Grießhaber 2010). Dies wird mithilfe der Evaluation bis zu einem Punkt maximaler Komplikation fortgeführt – hier dem Umstand, dass sich zunächst keine Versorgungsmöglichkeit für die entstandene Wunde auftut. Die Funktion der Evaluation lässt sich also darin sehen, die Bedeutsamkeit der Geschehnisse nochmals deutlich zum Ausdruck zu bringen und so auch ein besseres Verständnis zwischen dem Zusammenhang der Komplikation und der nachfolgenden Auflösung – hier dem Verbinden der Wunde mit dem Tuch der Mutter – zu gewährleisten. Eine Coda führt schließlich in die Hier-und-Jetzt-Origo der Erzählsituation zurück. Damit ist gemeint, dass sich Erzähler und Zuhörer während des Erzählprozesses auf eine Diskurswelt der Geschichte beziehen, die zu unterscheiden ist von der kommunikativen Situation, in der die Erzählung als solche zustande kommt – dem gemeinsamen Wahrnehmungsraum. Die Diskurswelt der Geschichte können wir auch als Vorstellungsraum bezeichnen. Die Coda führt also vom Vorstellungsraum der Geschichte zurück in den Wahrnehmungsraum der Erzählsituation. Im obigen Beispiel fehlt das Strukturelement der Coda, wir können uns aber vorstellen, wie der Erzähler dieses umsetzen könnte (etwa mit der Äußerung *heute sieht man aber von der Wunde gar nichts mehr*). Auch der Zuhörer kann potentiell die Coda übernehmen, indem er beispielsweise ein Feedback wie *Na gut, dass es dir jetzt wieder besser geht* od. Ä. gibt und somit zum aktuellen Wahrnehmungsraum zurückkehrt.

Dies führt uns zu dem Punkt, dass die Struktur einer Erzählung sich auch aus der Perspektive dessen beschreiben lässt, was innerhalb eines Gespräches an Erwartungen entwickelt wird, und zwar rezeptiv und produktiv. Hausendorf/Quasthoff (1996) haben hierfür den Begriff der „**Jobs**" herangezogen. Damit ist gemeint, dass es – soll innerhalb eines Gespräches eine Erzählsequenz realisiert werden – verschiedene Aufgaben gibt, die erledigt werden müssen. Diese Aufgaben werden sowohl vom Erzähler als auch vom Zuhörer *gemeinsam* bearbeitet. Hausendorf/Quasthoff (1996: 133ff.) unterscheiden fünf Jobs:

1. **Relevantsetzen**: Als eine erste Aufgabe muss im Gespräch zunächst einmal der Raum dafür geschaffen werden, dass eine Diskurseinheit folgen kann. Erzähler und Zuhörer machen sich gegenseitig kenntlich, dass sie eine Erzählung im Folgenden sowohl inhaltlich als auch von ihrer Form als narrative Einheit her für den weiteren Gesprächsverlauf als relevant erachten. In unserem Beispiel (7) geschieht dies in Z. 01 seitens des Erzählers und in Z. 02 seitens des Hörers, der mit seiner Zustimmung die Relevantsetzung bestätigt. Es entsteht damit ein Punkt im Gespräch, an welchem eine Erzählung einsetzen *könnte*.

2. **Thematisieren**: Die nächste Aufgabe besteht nun darin, diese narrative Einheit auch inhaltlich anschlussfähig zu machen. Dies lösen Erzähler und Zuhörer dadurch, dass sie konkret ankündigen, um was es in der Erzählung gehen wird.

3. **Durchführen**: Ist eine narrative Diskurseinheit einmal thematisiert, also angekündigt, muss sie auch elaboriert werden, also erzählerisch ausgeführt. Bestenfalls wird die Erzählung auch dramatisiert in Form einer „szenischen Erzählung".

4. **Abschließen**: Der Job des Abschließens beendet die narrative Einheit und lässt den Übergang in den übrigen Diskurs erwartbar werden.

5. **Überleiten**: Diese nun abgeschlossene Diskurseinheit wird möglichst nahtlos in den umrahmenden Diskurs zurückgeführt.

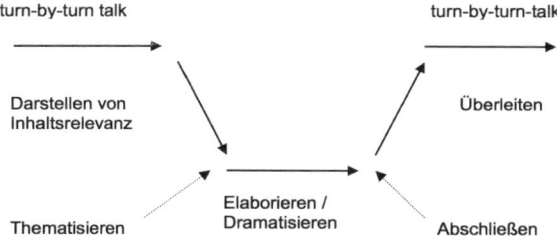

Abb. 2: Einbettung globaler Diskurseinheiten in den Gesprächskontext (Modell nach Hausendorf/Quasthoff 1996/2005)

3.3 Tempus

Schon in Kap. 2 haben wir erwähnt, dass der Gebrauch der **Tempora** beim Erzählen besondere Funktionen übernimmt. Nur allzu oft findet aber in diesem Zusammenhang eine Vermischung von Konzepten und Begriffen statt, so dass zunächst klar gestellt werden muss, dass zwar zwischen Tempus als Verbkategorie und dem Phänomen Zeit Beziehungen bestehen, diese aber nicht gleichzusetzen sind (hierzu und zu Tempus im Allgemeinen Rothstein 2007). Diese Erkenntnis verdanken wir u.a. den Debatten der literarischen Erzählforschung, wie sie seit den fünfziger Jahren – angeregt durch die Schrift „Die Logik der Dichtung" (1957) von Käte Hamburger – geführt werden. Im literarischen Erzählen können sich die Tempusformen loslösen von den typischen Zeit-Attribuierungen und den sonst üblichen grammatischen Festlegungen (welche im Übrigen auch sehr unterschiedlich ausfallen). Mittels Präteritum lässt sich durchaus (Fiktiv-) Zukünftiges ausdrücken: *Morgen war der große Tag.* Im Präsens wiederum kann sowohl zeitlos Gültiges, Zukünftiges als auch Gegenwärtiges stehen: *Er ist Bäcker. Wir gehen morgen einkaufen. Ich arbeite.*

Möglicherweise wird der Blick auf diese Erkenntnis dadurch verstellt, dass in der Schule oft sehr vereinfachende Gleichsetzungen zwischen Tempus und Zeit vorgenommen werden, die dann meist auch noch als Normen bezüglich bestimmter Textgattungen formuliert werden: *Erzählungen schreiben wir immer im Präteritum.* Was aber selbst für die geschriebene Erzählung fragwürdig ist, lässt sich für das mündliche Erzählen gar nicht mehr aufrechterhalten.

Ausschlaggebend für die Überlegungen zu der Rolle der Tempora in Erzählungen ist die Beobachtung, dass – verstünde man die Tempora als allein auf zeitliche Zusammenhänge bezogen – die zeitliche Dimension der Vergangenheit überrepräsentiert wäre mit den Tempora Präteritum und Perfekt. Zwar wird manchmal vorgeschlagen, hier spiele der **Aspekt**, also die Frage, ob ein Vorgang noch andauert oder Auswirkungen auf die Gegenwart hat, eine Rolle, wie dies z.B. im Englischen und in vielen slawischen Sprachen der Fall ist. Er ist im Deutschen jedoch lediglich in regionalen, umgangssprachlichen Formen enthalten (*Isch bin dat Essen am Kochen*). Wann nun gerade in mündlichen Erzählungen Perfekt und wann Präteritum gebraucht wird, muss daher noch mit anderen Faktoren zusammenhängen. Einer dieser Faktoren ist sicherlich die regionale Gebräuchlichkeit, so ist im Süden des deutschsprachigen Raumes das Perfekt üblicher als im Norden.

Innerhalb der Erzählforschung wurde aber außerdem der Vorschlag aufgegriffen, das Begriffspaar Nähe-Distanz in die Überlegungen einzubeziehen. Als Bezugspunkte dieser Relation werden unterschiedliche Konzepte vorgeschlagen. Durchzusetzen scheint sich das Konzept von „Wahrnehmungs- und Vorstellungsraum" (im Überblick Topalović/Uhl 2014). So wird festgestellt: „Das Verwenden präsentischer Tempora zeigt an, dass der Verweisraum, in dem das kommunikative Handeln zwischen Sprecher und Hörer stattfindet, der Wahrnehmungsraum ist" (Topalović/Uhl 2014: 38).

Im folgenden Beispiel erzählt eine Erstklässlerin eine Geschichte anhand einer Bildfolge, die vor ihr liegt:

(8)
```
01   also, ein mÄ:dchen kauft sich ein hA:mster. papa molle, der
     guckt ähmm (-) verzwEIfelt hin; hinter ihm stehen die stIe-
     fel (--) im schUhschrank; und hinter der sabIne is der (---
     ) KOchtopf oder wie des heißt, der herd, ja. dann, (-) wie
05   sabi:ne den (1,5) hamster fÜttern wollte, rennt er unter
     den he:rd. dann (-) stellt sabIne (--) das E:ssen unter den
     he:rd; also An den herd. ei:ne minute spÄter (-) ruf- ruft
     sabIne papa molle, er soll ihn rAUSholen. a:ber papa molle
     schAfft es nicht. dann rufen  sie einen spizlia- spizilai-
10   listen an, der wo den (-) schrank- a=also die, den he:rd
     wegtun kann. aber da IST! er nicht mehr. (---)also (-)
     weint (1,5) weint Sabine se:hr.(---) wie papa MOlle die
     stiefel ANziehen will, entdeckt er den ha:mster.
```

Die Erzählung ist durchgehend im Präsens gehalten. Lediglich in Z. 06 weicht die Erzählerin ins Präteritum aus. Obwohl diese Äußerungseinheit unzweifelhaft als Erzählung eingestuft werden kann und auch über viele typische Merkmale verfügt, nutzt die Sprecherin kein Präteritum. Wir können dies mit der oben gemachten Feststellung begründen: Sprecher und Hörer haben die Bildfolge vor sich liegen, sie befindet sich also im gemeinsamen Wahrnehmungsraum der Interaktanten. Indem die Erzählerin auf die Figuren in der Geschichte – von ihr Sabine und Papa Molle genannt – verweist, deutet sie also auf Figuren hin, die auch ihre Hörer wahrnehmen können, selbst wenn sie nur als Zeichnungen auf einem Bild vorkommen. Verweisraum ist damit gleich Wahrnehmungsraum.

Zuweilen setzen die Erzähler das Präsens ganz gezielt ein, um den Hörer unmittelbar in das Geschehen zu ziehen und so gewissermaßen einen gemeinsamen Wahrnehmungsraum zu suggerieren, und zwar meist an besonders relevanten Stellen. Dieses dramaturgische Mittel wird daher auch als „**szenisches Präsens**" bezeichnet.

Im folgenden Gesprächsausschnitt (entnommen aus Günthner 2012: 74, zur besseren Lesbarkeit leicht vereinfacht) erzählt Enis, ein 17-jähriger Jugendlicher mit Migrationshintergrund, von einer Begebenheit, bei der er von seiner Freundin mit einem anderen Mädchen erwischt wurde.

(9)
```
01   Und dann weiß ich nich, also ich bin mit der geLAUfen, zur
     stADT richtung stADT, ich dachte ja die is woanders die
     kommt REIN (.)auf einmal die SIEHT auch- die GUCKT sie auch
     an, und die kommt= HI ENIS (.) stell mir deine FREUndin
05   vor, wer is DAS? Ne gute freundin; ich so SCHEIße und dann
     die andere EY WA:rte mal, irgendwas STIMMT hier nich. Ich
     guck nur HOCH kann ich abmachen oder so. GA:b´s kein weg,
     ham die mich DICHT gelabert; die andere NIMMT tabletten,
     will sich umlegen.
```

Zur Beschreibung des Aufeinandertreffens der beiden Mädchen nutzt der Erzähler das Präsens. In den einleitenden Sätzen dagegen verwendet er Perfekt und Präteritum und kehrt am Ende auch wieder zu diesen Formen zurück. Durch den Wechsel ins szenische Präsens gelingt es dem Erzähler, das Aufeinandertreffen als zentrale Szene innerhalb seiner Geschichte hervorzuheben.

Die Organisation der Vergangenheitstempora unterliegt gerade in Erzählungen besonderen Funktionalitäten.

(10)
```
     Ich bin NACHts nur aussem BETT gefalln, un hatte mir hier
     auch weil (-) TEppichbodn, hier alles aufgeschabt, anne
     Ellbogen, und da hab ich nur gelacht un hab gesacht ich
     MUSS ja unwahrscheinlich was doofes geTRÄUmt haben
```

Innerhalb dieses Ausschnitts (aus: Gülich/Hausendorf 2012: 17), in dem von einem nächtlichen Erlebnis berichtet wird, dominiert das Perfekt. Dieses Tempus überwiegt in Erlebniserzählungen deutlich. Das Perfekt wird grundsätzlich auch zu den präsentischen Tempora gezählt (Thieroff 1992). Denn in Erlebniserzählungen beziehen sich die Erzähler auf einen gemeinsam erlebbaren Vorstellungsraum: die wirkliche Welt. Lediglich sehr häufige Verben (*haben*, *sein*, Modalverben oder auch *kommen*, *gehen* etc.) kommen in ihrer Präteritalform vor.

Wollen Sprecher auf eine Welt verweisen, die nur in der Fiktion besteht, ist also der Verweisraum ein fiktionaler Vorstellungsraum, so bedienen sie sich häufig präteritaler Formen: Präteritum und Plusquamperfekt. Im Beispiel bekommt ein Drittklässler die Aufgabe, eine selbst ausgedachte Geschichte zu erzählen.

(11)
```
01    Da spielten kinder auf einer straße FUßball. sie spielten
      ein paar stunden und dann kam wieder ein AUto vorbei und
      dann schoss das ei:ne kind die fensterscheibe vom AUto raus
      und dann schimpfte der mann . und dann hat das eine kind
05    den schaden bezahlt und dann war alles wieder gut.
```

Betrachtet man den Inhalt der Geschichte, so könnte es sich durchaus um ein reales Ereignis handeln. Dem Hörer könnte sich zumindest schnell die Vermutung aufdrängen, dass es hier um ein Erlebnis des Erzählers geht. Die Wahl des Präteritums jedoch führt dazu, dass das Ereignis in eine fiktive Welt gerückt wird. Ältere Kinder und Erwachsene nutzen präteritale Tempusformen vorwiegend dann, wenn sie eine Distanz zum Erzählten aufbauen wollen; entweder im Sinne einer entfernten, da fiktiven Welt oder im Sinne einer bewussten Distanzierung. Die präteritalen Formen dienen dem Sprecher dazu, „Wirklichkeitsferne" auszudrücken (vgl. im Überblick Topalović/Uhl 2014: 39).

Wann ein Erzähler also nun welches Tempus gebraucht, hängt meist davon ab, auf welche Bewusstseinsräume er sich bezieht.

Realer Wahrnehmungsraum (reale, geteilte Welt) = **Präsens**

Imaginierter Vorstellungsraum (vorgestellte, erlebte Welt) = **Perfekt**

Fiktionaler Vorstellungsraum (versetzte, fiktive Welt) = **Präteritum**

Darstellung in Anlehnung an Topalović/Uhl (2014: 42).

Bezieht sich ein Erzähler auf den gemeinsamen realen Wahrnehmungsraum oder möchte er eine besondere psychische Nähe und Unmittelbarkeit erzeugen, bedient er sich des Präsens. Das Perfekt verweist ebenfalls auf die reale Welt oder zumindest auf eine mögliche, auf die eben beide, Erzähler und Hörer, Zugriff haben. Mit dem Präteritum schließlich können wir unsere Hörer in eine erdachte Welt versetzen.

3.4 Rede- und Gedankenwiedergabe

Ein wesentliches Element des Erzählens ist die **Redewiedergabe**. In Form verschiedener sprachlicher Mittel lassen sich innerhalb einer Erzählung Sprache und Gespräche wiedergeben. Im Kontext der literaturwissenschaftlichen Erzählforschung, die sich mit schriftlichen literarischen Texten befasst, ist dieser Aspekt umfangreich untersucht und beschrieben worden. Verbreitet ist die Konzeption, bei der Redewiedergabe zwischen **direkter** und **indirekter Rede** zu unterscheiden. Die direkte Rede wird verstanden als unmittelbare zitatartige Reproduktion von Rede und Gedanken, indirekte Rede als mittelbare, nicht wörtliche Wiedergabe. Vor allem Letztere wird gewöhnlich verbunden mit Ausdrücken des Sagens – sog. verba dicendi – und erfährt einen Wechsel von Deixis und Modus.

Direkte Rede: *Fritz sagte gestern: Das kann ich heute machen.*
Indirekte Rede: *Fritz sagte, er könne das gestern machen.*

Die Arbeiten, die diese Konzeption vornehmlich in den 70er und 80er Jahren verbreiteten (z.B. Coulmas 1986), beruhen jedoch entweder auf schriftlichen (literarischen) Texten oder geben nur Einzelbelege aus dem Mündlichen an. Untersuchungen auf der Basis von Daten authentischer Gespräche wurden erst später unternommen. Dies aber führte dazu, dass das Verständnis von Redewiedergabe neu gefasst werden musste (Tannen 1989, Günthner 1997), denn eine genaue oder gar „zitatartige" Wiedergabe von Gesprochenem ist nur sehr selten zu beobachten. Vielmehr handelt es sich ja im Literarischen ohnehin um erfundenes Sprechen; und auch in Erzählungen von Erlebtem wird fast nie wirklich authentisch wiedergegeben. Dem eigentlichen Charakter dieser Rededarstellungen werden daher Bezeichnungen eher gerecht, die auch auf die Fiktionalität hinweisen. So bezeichnet Gülich die erzählten Gespräche als „narrative Darstellung sprachlicher Kommunikation" (1990: 89). Denn die „direkte Rede" (im Englischen „reported speech") in konversationellen Erzählungen kann als ebenso fiktional und als ebenso kreativer Akt gesehen werden wie im literarischen Erzählen (Tannen 1989).

Im Allgemeinen dient die Redewiedergabe der Anschaulichkeit und Lebendigkeit der Erzählung und der Involviertheit des Hörers, und damit verbunden auch der Emotionalisierung und der Evaluation der erzählten Personen und Ereignisse. Daher ist für die Gestaltung des Redezitats nicht der Bezug des Erzählers zum zitierten Sprecher maßgeblich, sondern viel mehr der Bezug zwischen dem, der zitiert, und seiner Zuhörerschaft (Tannen 1989: 109). Es geht z.B. darum, was der Erzähler bei seinen Zuhörern auslösen möchte, ob er ihnen nahesteht, ob sie die zitierte Person kennen.

Grundsätzlich sind die Verfahren, die zur Verfügung stehen, um sprachliche Kommunikation, aber auch Gefühle und Gedanken in Erzählungen wiederzugeben, ungeheuer vielfältig. Kategorisierungen, Definitionen und Abgrenzungen fallen daher schwer und sind auch stark geprägt von der eingenommenen Perspektive oder der zugrundeliegenden Erzähltheorie. Die folgende von uns vorgenommene Einteilung und Bezeichnung ist daher nur eine von vielen möglichen.

1. Direkte Rede
    a) mit Redesignalen oder verba dicendi
    b) ohne Redesignale
2. Indirekte Rede
    a) mit Redesignalen
    b) ohne Redesignale
3. Berichtete Rede
4. Erlebte Rede

Bemühen wir ein zweites Mal das Transkript aus Kap. 3.3, denn schon diese ja recht kurze Erzählung enthält eine Vielfalt an Formen der Rede- und Gedankeninszenierung. Zunächst finden wir eine Gedankenwiedergabe: *ich dachte ja die is woanders*. Die Gedanken, die in direkter Form wiedergegeben werden, werden mithilfe des üblichen sogenannten verbum credendi *ich dachte* eingeleitet. Somit handelt es sich um eine auf Gedanken bezogene Version von Typ 1.a) unserer Kategorien. Auch der Beginn des zentralen inszenierten Dialoges ist in direkter Form gestaltet, allerdings ohne Einleitung oder Ankündigung (und damit Typ 1.b) und lässt sich lediglich durch den unmittelbaren Anschluss an das Vorangegangene der intendierten Sprecherin zuschreiben: *und die kommt= HI ENIS (.) stell mir deine FREUndin vor, wer is DAS?*

Für den Hörer wird dennoch zweifelsfrei deutlich, dass es sich hier um ein inszeniertes Gespräch handelt, da die Erzähler diese Teile ihrer Erzählung prosodisch besonders markieren, indem sie z.B. in eine höhere oder niedrigere Stimmlage verfallen, schneller oder langsamer sprechen oder auf andere Weise ihren Sprechausdruck ändern. Leider lässt sich dies in einem Transkript nicht angemessen wiedergeben, wodurch diese übrigens auch oft nicht leicht zu interpretieren sind. So ist in unserem Beispieltranskript auch nur über die Situationskohärenz zu erschließen, dass die Sequenz *Ne gute freundin* ein weiteres Element des inszenierten Dialoges darstellt. Eine Redeankündigung fehlt allerdings, so dass im Transkript offen bleiben muss, wem dieser Redebeitrag zugeschrieben werden soll. Vermutlich ist es der Erzähler selber, obwohl die folgende Sequenz ihm ebenfalls zugeschrieben werden kann, allerdings diesmal gekennzeichnet durch ein charakteristisches *ich so SCHEIße*.

Auch der nächste Teil der Dialoginszenierung ist in der für mündliche Erzählungen typischen elliptischen Form eingeleitet. Die verba dicendi werden ausgelassen, übrig bleiben nur die Pronomen, die jedoch eine eindeutige Zuweisung ermöglichen. Verba dicendi sind also in der Dramaturgie der mündlichen Erzählung nicht unbedingt nötig, im Gegenteil, handelt es sich wie in unserem Beispiel um den dramatischen Teil, die „Komplikation", als die hier das unerwartete Aufeinandertreffen der beiden „Freundinnen" gefasst werden kann, so würden wohl Phrasen wie *dann sagte sie...* nur den Erzählfluss und damit die Dramatik behindern.

Den Abschluss der Erzählung bildet eine Form der sogenannten **berichteten Rede** (Typ 3.). Der Erzähler „berichtet" lediglich von der Kommunikation mit der Option, diese zu bewerten, wie es auch in unserem Beispiel geschieht, indem die weiteren Beiträge der Mädchen mit einem ja eher abwertenden *ham die mich DICHT gelabert* zusammengefasst werden.

Oft wird davon ausgegangen, dass die indirekte Rede von Redesignalen oder verba dicendi eingeleitet wird. Dies ist wohl auch häufig der Fall. Allerdings finden sich in den Daten mündlicher Erzählungen auch Formen, die zwar eine modale und/oder deiktische Verschiebung aufweisen, denen aber keine solche einleitenden Formen vorausgehen. Im Vergleich zur direkten Rede findet sich die indirekte Rede in mündlichen Erzählungen jedoch eher selten.

Die literaturwissenschaftliche Forschung definiert außerdem noch die **erlebte Rede.** Gemäß unserem obigen Beispiel zählen hierzu Formen wie etwa:

(12) Fritz ging auf und ab. Er konnte das heute machen, er konnte es aber *auch auf Morgen verschieben.*

In diesem Beispiel wird deutlich, dass sich die erlebte Rede dadurch auszeichnet, dass der Erzähler gewissermaßen in die Person hineinschaut und aus einer übergeordneten Perspektive das Geschehen kommentiert. Da diese Perspektive per se eine literarische Perspektive ist, finden wir die erlebte Rede in mündlichen Erzählungen eher selten und wenn, dann wohl meist in fiktiven Genres. Oft lässt sich ohnehin nicht genau bestimmen, ob es sich bei dem Beschriebenen um Ausgesprochenes, Gedachtes oder auch Gefühltes handelt oder um lediglich vom Erzähler Vermutetes. In mündlichen Alltagserzählungen wird dennoch nicht auf Derartiges verzichtet, die sprachlichen Mittel und Formen, die hierfür genutzt werden, sind aber andere als beim literarischen Erzählen. Vor allem aber die stimmlichen Möglichkeiten sind es, die Erzähler gebrauchen, um die Redewiedergabe vom eigentlichen Erzähltext deutlich abzugrenzen.

In der obigen Zusammenstellung haben wir die verschiedenen Typen der Redewiedergabe nach formalen Kriterien – wie dem Tempusgebrauch – unterschieden. Neben solchen eher formalen Aspekten lassen sich aber auch inhaltlich verschiedene Typen ausmachen. Eine sehr umfangreiche Zusammenstellung nimmt Tannen im Englischen vor (1989). Daran orientiert auch Günthner (1997) ihre Typisierung der Verwendungsweisen für das Deutsche. Einige dieser Typen konstruierten Dialoges seien hier wiedergegeben.

1. **Fingierter Dialog**

Mitunter bedienen sich Sprecher einer Form der Redewiedergabe, die eigentlich keine ist, da die Äußerung so nie stattgefunden hat. Dies ist in Fantasieerzählungen natürlich nichts Ungewöhnliches, ist aber durchaus auch in Erlebniserzählungen zu beobachten. Sie tun dies z.B., um ihre Erzählungen dramatisch zu gestalten oder deren exemplarischen Charakter hervorzuheben.

Ebenso können hypothetische oder prospektive Dialoge inszeniert werden. Im folgenden Ausschnitt berichtete die Erzählerin (Nora) im vorangegangenen Teil des Gesprächs von einem Streit mit einer dritten Person; nun inszeniert sie gemeinsam mit ihrer Zuhörerin (Babs) eine mögliche Fortsetzung dieses Streitgespräches (Transkript aus Günthner 1997: 234).

(13)
```
01   Nora:    i sag dir. Wenn i DIE: treff, I BRÜLL DIE: AN.
              Und stell se zur Rede.
     Babs:    SPUCK SE AN. Hihihi
     Nora:    i werd der sage SA:G MOL HASCH DU NIX ANDERS ZU
05            TUN ALS OIM STÄ:NDIG ANZULÜGE
```

> Babs: Mol sehe was se no: sagt
> die wird dann wahrscheinlich ganz UN:schuldig
> tun sie HÄTT doch NIE:::MAND angloge.

2. **Dialog im Chor**

   Im Transkriptausschnitt berichtet die Erzählerin Ulla über die Reaktionen auf Frau Müller, die im fortgeschrittenen Alter ein Kind erwartet (Transkript vereinfacht nach Günthner 1997: 230).

   > **(14)** Ulla: s´gibt welche (.) bei de- bei de MILLERE hän se
   > domols au gsa:hh ((leicht jammernd, behaucht)) mei Gott
   > kriegt die A:LT no a KIND und die WAR GAR NET ALT.

   Formal handelt es sich um eine mittels verbum dicendi eingeleitete direkte Rede. Die zitierte Aussage wird allerdings einer nicht näher spezifizierten Menge von Personen zugeschrieben: „sie", die hier gleichsam als Chor auftreten. Die Erzählerin fasst auf diese Weise den inhaltlichen Kern vieler Äußerungen unterschiedlicher Sprecher zusammen und zitiert daher keinesfalls wörtlich.

3. **Innerer Dialog**

   Wie bereits oben angedeutet, geben Erzähler durchaus auch wieder, was eigentlich nie gesagt, sondern lediglich gedacht wurde, wie schon in unserem Erzählbeispiel (13) weiter oben. Von Tannen (1989: 114f.) stammt der Ausschnitt einer Erzählung, in der von einer U-Bahnfahrt die Rede ist und von einem eigenartigen Mann, der in den Wagen einstieg.

   > **(15)** He started mumbling about ...perverts, ...and I thought „Oh
   > God, if I am going to get someone´s slightly psychotic
   > attitude on perverts I really don´t feel like riding
   > this train."

   Nicht selten werden aber auch die Gedanken anderer in eine Erzählung eingebaut, die natürlich nur hypothetisch rekonstruiert sein können. In einer Geschichte über ein Baseballspiel ist von einem Batter die Rede, der zum entscheidenden Schlag ausholt:

   > **(16)** And he - you could just see him just draw back like
   > „Man, I`m going to knock this thing to Kingdom Come."

4. **Übrige Formen**

   Unter Umständen nutzen Erzähler auch Formen, bei denen es sich gar nicht um lexikalisierte Einheiten, also richtige Sprache handelt. Dies geschieht z.B. dann, wenn nicht die Wiedergabe des Inhaltes von Bedeutung ist, sondern es vielmehr darum geht,

Ton und Stil der Äußerung wiederzugeben und damit eher die Sprachhandlung als solche zu charakterisieren (Auszug aus Günthner 1997: 231).

(17)
```
Theo:  aber WEHE wenn meine Mutter - die hat auch geME
       CKERT (allen) TACH . die hat geMECKERT nich,
       BAbala BAbaba BAB.
```

Das Meckern der Mutter gibt Theo nicht entsprechend dem Wortlaut wieder, sondern imitiert überspitzt die Art und Weise, wie seine Mutter ihre Äußerung prosodisch gestaltet hatte.

Überhaupt steht Erzählern ein breites prosodisches Repertoire zur Verfügung, das sie nutzen können, um in ihrer Redewiedergabe den zitierten Sprecher zu imitieren, aber auch zu karikieren und durch eine derartige Überzeichnung ihre eigene Bewertung und Position zum Gesagten auszudrücken. Die Stimme des ursprünglichen Sprechers wird dann quasi von der Stimme des zitierenden Sprechers überlagert (Günthner 1997: 238f.).

3.5   Weitere erzähltypische sprachliche Mittel

Als letzten Aspekt wollen wir betrachten, welche **sprachlichen Mittel** charakteristischer Weise in einer Erzählung genutzt werden (können). Grundsätzlich ließen sich natürlich solche sprachlichen Mittel, die zur Redewiedergabe genutzt werden, auch an dieser Stelle abhandeln. Da sie aber – wie wir gesehen haben – relativ vielfältig ausfallen können, haben wir ihnen einen eigenen Unterpunkt gewidmet. Als weitere sprachliche Mittel, die für die Konstitution einer Erzählung eine besondere Bedeutung haben, können gelten (vgl. Boueke et al. 1995): expressive Verben, Adverbien, evaluierende Adjektive, Intensifikatoren, lautmalerische Äußerungen.

Das folgende Transkript gibt eine „desaster story" wieder, erzählt innerhalb einer jugendlichen Mädchengruppe (entnommen Branner 2005: 130f, Transkript in vereinfachter Darstellung).

(18)
```
01   Cl:   und die Samantha is so hinter mir gelaufen;
           auf einmal hör ichs vOll po:ltern; ja?
           Und der Schlappen fliegt mir voll ins Gesicht;
           Samantha rutscht aus; düb, düb, düb,
05         und ich musst so lachen; auf einmal bleibt die liegen,
           und die Mutter kommt hoch ja.
```

```
Samantha steht auf, und ich musst so LACHEN JA?
Und dann dann sagt die Samantha noch,=oh it's okay
it was only my asshole, hey des war so witzig.
```

Für dieses Beispiel können die folgenden sprachlichen Mittel kategorisiert werden:

1 **Expressive Verben** (im Beispiel: *poltern*) sind Verben, die semantisch differenzierter sind und dadurch für mehr Anschaulichkeit, Bedeutung und Konturiertheit der Erzählung sorgen können.

2. **Adverbien** (im Beispiel: *auf einmal*) helfen, die Erzählung chronologisch zu strukturieren und Ereignisse in Bezug zueinander zu setzen oder eben gerade voneinander abzugrenzen. Im Beispiel wird mittels des Adverbs *auf einmal* markiert, dass nun die relevanten besonderen Ereignisse folgen werden.

3. **Evaluierende Adjektive** (im Beispiel: *witzig*) dienen dazu, die Perspektive des Erzählers zu illustrieren und so dem Hörer zu signalisieren, wie das Erzählte bewertet und eingeschätzt werden soll. Sie machen die Erzählung lebendig und schaffen psychologische Nähe. Gleiches gilt für die

4. **Intensifikatoren** (im Beispiel: *so, voll*). Mit ihrer Hilfe wird die Erzählung emphatischer und emotionaler, was eben auch dazu führt, dass sich der Hörer besser in die Situation hineinversetzen kann.

5. **Lautmalerische Äußerungen** (im Beispiel: *düb, düb, düb*) können ebenfalls dazu genutzt werden, das Szenario besonders anschaulich und lebendig werden zu lassen.

In welchem Maße diese sprachlichen Mittel nun in einer Erzählung vorkommen, ist nicht nur vom Alter und vom individuellen Stil des Sprechers abhängig, sondern auch von der jeweiligen Erzählform oder dem Erzählgenre (Becker 2011, Dannerer 2012). Besonders intensiven Gebrauch erfahren z.B. expressive Verben oder evaluierende Adjektive beim Formulieren fiktiver und literarischer Erzählungen. Intensifikatoren oder lautmalerische Äußerungen finden sich wohl eher in Erlebniserzählungen, und zwar vornehmlich in mündlichen, da sie ohnehin in schriftlicher Sprache selten sind.

Abschließend sei noch erwähnt, dass der Gebrauch dieser sprachlichen Mittel natürlich nicht auf das Erzählen begrenzt ist. Wir nutzen sie in vielfältiger Weise auch in anderen Genres oder sprachlichen Situationen. Sie können allerdings als besonders typisch und relevant für das Erzählen gesehen werden.

3.6 Zusammenfassung

In diesem Kapitel haben wir verschiedene Eigenschaften vorgestellt, die Sprachliches zu einem Text und ganz spezifisch zu einer Erzählung machen. Neben allgemeineren Textualitätskriterien spielen strukturelle Eigenschaften die größte Rolle. Eine Erzählung braucht vielleicht nicht unbedingt einen Höhepunkt im herkömmlichen Sinne; eine „Minimalbedingung an Ungewöhnlichkeit" sollte aber gegeben sein, um eine Erzählung zu einer Erzählung zu machen. In Bezug auf die verschiedenen sprachlichen Mittel, zu denen man ja auch Tempora und Redewiedergabe zählen kann, herrscht insgesamt ein großer Handlungsspielraum, der ganz unterschiedlich gestaltet werden kann. Diesbezüglich ist entscheidend, welche Funktionen mit den Erzählungen verbunden werden, aber auch z.B. welche Medialität vorliegt. Hiermit werden wir uns im nächsten Kapitel befassen.

Aufgabe 1: Diskutieren Sie, ob es sich bei dem Text von Peter Bichsel zu Beginn von Kapitel 3 um einen Erzähltext handelt und inwieweit er die Kriterien einer Erzählung erfüllt.
Aufgabe 2: Versuchen Sie die strukturellen Elemente in den Erzählbeispielen aus Kapitel 3.1 zu bestimmen.
Aufgabe 3: Formulieren Sie eine kurze Geschichte. Nutzen Sie dabei einmal das Präsens, einmal das Futur und einmal das Präteritum. Reflektieren Sie die unterschiedlichen Wirkungen.
Aufgabe 4: Bestimmen Sie erzähltypische sprachliche Mittel einschließlich der Redewiedergabe in Beispiel (19) (Der Anfang der Erzählung ist auf Seite 4 abgedruckt).

(19) IPAD – Fortsetzung

```
      L:   ja und das hat ich dann gestern nachmittag dann auch
           geMACHT-
      T:   aha;
40    L:   und dann hatte ich abends was zu essen gemacht (.)
           und das hätte eigentlich auch alles funktioNIERT-
      T:   jaha:
      L:   aber ich trottel HAB ((stößt beim Gestikulieren gegen
           die Zuckerdose)) die <<lachend> ja [haha im WAHRsten
45    T:                                     [<<lachend> haha-
           da geht's schon direkt wei(h)ter]
      L:   Sinne des WORTes !BÄÄHM!]
           äh ich hab die falsche HERDplatte angemacht.
      T:   <<bedauernd> Oh:->
50    L:   Ich hab halt VORne [links ne pfanne stehen gehabt,
      T:                      [hm=jaha]
      L:     die ich ANmachen wollte
             und hab aber HINten links angemacht,
             und DA stand das ipad drauf;
```

```
55  T:   oh::
    L:   !BOAH! und plötzlich dacht ich so,
         !SCHEI!ße was leuchtet [<<lachend> da(h)a,
    T:                          [(((lacht))]
    L:   und das ipad stand=kennst du diese SMARTcover?(.)
60       die man so HINten so einrollt,
         [und dann STEHT das so?
    T:   [Ja-so DREIeckig kann man das so HINstellen=irgendwie
    L:   [Genau (.) Ja-und das STAND halt quasi an das smartco-
         ver gelehnt,hinten auf der PLATte-dadurch hat nicht
         das ipad äh die herdplatte berührt,
65  T:   hm-
    L:   sondern das COVer;
    T:   oh GOTT-
    L:   Boah=und dann hab ich das GANZ schnell hochgenommen,
         [(.)] das SMARTcover hatte schon voll so die
70  T:   [ja:]
    L:   schröggelspur gehabt[(.)] <<belustigt> da war schon
         total das LOCH drin> [(.)    ]ich dachte nur=
    T:   [oah]         <<leicht gepresst>[ Oah NEIN>]
    L:   SCHEIßE (.) SCHEIßE (.) SCHEIßE=Stephan war auch schon
75       zuHAUse=war grad am DUschen-
    T:   <<lachend>Ich wollt grad FRAgen?> äh(h)äh-
    L:   und ich nur so nein(.)NEIN:::=MIST=weil (.) [das kann
         der halt GAR nicht [HAben wenn ich ] so-vor allem ist
80  T:   hm[oah schei']          [ja das GLAUB ich-]
    L:   das ja SEINS,
    T:   JA: und es ist ja auch ein WERTgegenstand ne?
    L:   Oah (.) und dann bin halt dann da=hab sofort das
         smart-cover abgeRISSEN=das ipad getestet=-
85       das war nur relativ warm-
    T:   hm
    L:   das hat ja so ne=äh edelstahlHÜLle- [wie das
         MACbook] ja=und das hat aber noch funktioNIERT;
    T:   ja: [relativ dick          ]hm;
90       <<sehr leise>  Oah GOTT sei DANK>
    L:   und die hülle (.) das ist ja eben so (.) dass das zu
         und an äh=dass das an und aus geht wenn man die HÜLle
         zu und AUF macht-
    T:   aha (.) das WUSST ich nicht;
95  L:   und das hat AUCH noch funktioNIERT=aber die hat jetzt
         eben so ne SCHRÖGGELspur ne?=also TOtal
         SCHWARZ] ja ja [ja das hab ich auch sofort und ich
         dann so
    T:   [aber das kannste ja erSETzen ne?][so ne Hülle ist ja
100      NIX gegen das DING;]
    L:   oh !NEIN! ich hab etwas ganz DUMmes gemacht.
         <<lachend> ich hab etwas ganz DUMmes gemacht>
    T:   ((lacht))
    L:   und er kommt schon so aus dem BAD und guckt und sagt,
105      <<Die Stimme ihres Freundes imitierend> WAS denn?
    T:   hm?
    L:   und ich so=äh(.) <<leicht gepresst, versucht Lachen zu
         unterdrücken> das IPAD und der HERD (.) öh::>
         [haha]und dann äh=dann bin dann,
110      äh=währenddessen musste ich ja noch weiter KOCHen-
```

```
              und dann,
         T:   [(lacht) oh ja::]
         L:   kam er irgendwie so an=meinte (.) <<Die Stimme ihres
              Freund imitierend> ja=ähm(.) MÜSsen wir uns jetzt
115           darüber unterHALTen was das fürn SINN macht solche
              Gegenstände> <<Abbruch der Stimmenimitation,
              stattdessen lachend>[auf den H(h)ERD zu stell(h)en?>
              <<beschämt-grinsend>NEI::N] machst du
         T:   [(lacht)         okay?         NEI::N]
120      L:   NI(H)E wieder;>
         T:   jetzt demnächst-
         L:   <<Die Stimme ihres Freund imitierend> KÖNnen wir uns
              darauf EInigen, dass das I-Pad nur
              noch auf DIE Seite der Arbeitsfläche gestellt wird, wo
125           wo der Herd NICHT ist?> <<beschämt-grinsend>[JA::]>
         T:   [JA::]
         L:   wie so ein kleines [KIND((lacht))
         T:                      [KIND ja okay aber irgendwie hat er
              es ja dann doch irgendwie ganz okay gemacht;
130      L:   Ja;
         T:   kann man ja auch [verSTEHEN dass man dann irgendwie so
              ein bißchen]
         L:   [er hat es ja auch ich hab ihm auch direkt gesagt]=äh
              ich hol dir ein neues smart-COVer=,
135           =weil das sieht jetzt auch nicht unbedingt SCHÖN aus-
              und für ihn ist das auch WICHtig ähm-
              mir würde so was=äh wäre so was eGAL=glaub ich -
         T:   MIR wär das auch nicht so wichtig (.)
              hauptsache das DING ist okay ne?
140      L:   Ja [aber da  ] steht er schon so nen bißchen drauf -
              Ja, aber=eh (.) so ein Glück dass da nichts RICHtig=äh
              kaputt gegangen is;
         T:   Ja aber manchmal passiert einem so was-also ich hab ja
              auch schon mal den WASSERkocher in meiner Studi...
```

Grundbegriffe: Text, Satz, Kohärenz, Kohäsion, Koreferenz, narrative Struktur, direkte Rede, indirekte Rede, berichtete Rede, erlebte Rede

Weiterführende Literatur: Averintseva-Klisch (2013); Boueke et al. (1995); Günthner (1997); Günthner (2012); Gülich/Hausendorf (2012); Labov/Waletzky (1967); Labov (2013); Quasthoff (2009); Rickheit/Schade (2000); Rothstein (2007); Tannen (1989); Topalović/Uhl (2014).

4. Dimensionen des Erzählens

„Das kommt ja alles in der Geschichte vor." Christopher Robin nickte. „Natürlich erinnere ich mich", sagte er, „nur Pu erinnert sich nicht so recht und deshalb lässt er sich die Geschichte gern noch einmal erzählen. Denn dann ist es eine echte Geschichte und nicht bloß eine Erinnerung."

aus: Pu der Bär von A.A. Milne

4.1 Medialitäten des Erzählens

Für die weitere Beschäftigung mit dem Erzählen ist zunächst eine elementare Unterscheidung zu treffen: Handelt es sich um mündliches oder schriftliches Erzählen? Diese Frage bezieht sich auf die sog. **Medialität**, also das Medium, in dem erzählt wird. Es kann in der gesprochenen Sprache erzählt werden oder aber in der geschriebenen. Eine derartige Unterscheidung, die zunächst vielleicht eher nebensächlich anmutet, kann ganz erhebliche Konsequenzen für die Erzählung selber haben. In der Regel unterscheiden sich mündliches und schriftliches Erzählen ganz grundlegend voneinander, da das Medium, in dem die Sprache realisiert wird, großen Einfluss auf das Sprachprodukt ausübt.

Wir haben zwar bereits darauf hingewiesen, dass es in unserem Band vornehmlich um das mündliche Erzählen geht. Um aber beides voneinander abzugrenzen, möchten wir an dieser Stelle auch kurz auf das schriftliche Erzählen eingehen. Zwischen geschriebener und gesprochener Sprache bestehen – trotz vieler Gemeinsamkeiten – zahlreiche Unterschiede (Koch/Oesterreicher 1985, Feilke 2006). Was bedeuten diese Unterschiede nun für das Erzählen und wie finden sie sich dort wieder? Betrachten wir hierzu zwei Beispiele.

Die folgende schriftliche Erzählung entstammt dem Tagebuch eines jungen Mädchens. Zwar wurde es bereits zu Anfang des 20. Jahrhunderts geschrieben, aber der Eintrag illustriert einen Generationenkonflikt, wie er auch heute noch in ähnlicher Form aktuell ist.

(20)
Gestern machten wir die erste Rodelpartie auf dem Anninger; es war herrlich, wir kugelten fortwährend im Schnee; er lag ziemlich hoch, besonders dort, wo wenige Leute waren. Beim Nachhause-gehen passierte der Hella etwas Köstliches; sie blieb an einer Wurzel hängen und riß sich die ganze Sohle von nagelneuen Delka-Schuhen ab. Sie mußte sich die Sohle mit Spagatschnüren festbinden und dabei hinkte sie, daß alle Leute glaubten, sie hätte sich beim Rodeln den Fuß verstaucht. Und ihre Großmama war ganz außer sich und sagte: Das

kommt von solchen unweiblichen Vergnügungen! Die Tante Dora ärgerte sich schrecklich darüber, weil sie doch auch dabei war, aber der Papa sagte: Die Großmama der Hella ist eine alte Dame und zu ihrer Zeit hatte man in dieser Hinsicht eben eine andere Auffassung. Ja, wirklich in dieser Hinsicht, das merkt die Hella jeden Tag ein Dutzendmal, was sie alles nicht reden und tun soll, und was alles für solche junge Mädchen nicht paßt! Am liebsten würde ihre Großmama sie in einen Glassturz setzen; aber undurchsichtig, damit sie nicht heraussehen und niemand hineinsehen kann. (Tagebuch eines halbwüchsigen Mädchens: 206f.)

Die Erzählung ist zwar vielleicht nicht prototypisch für eine schriftliche Erzählung, da es sich bei dem Tagebucheintrag um ein informelles Genre handelt und auch die Schreiberin noch jugendlich ist. Dennoch zeigen sich wesentliche Unterschiede zum zweiten Beispiel, bei dem es sich um eine kurze Erzählsequenz innerhalb eines Alltagsgespräches einer jugendlichen Mädchengruppe in informeller heiterer Atmosphäre handelt.

(21)
```
01   Cl:   oder letztens
           bei der Telefonrechnung (-) (´H)
           da hat da ham se auch irgendwie rumgenervt, (-)
           oh Gott jetzt regt euch doch auf,
05         ihr telefoniert auch mit <der Omma> immer Stund [de
           ja (-)
     A:                                                    [HAHAHA HEHEHE
     Cl:   (´H) und dann (-) Wenn die Telefonrechnung kommt,
           ((drohender Ton))
10         Und die ist höher als sonst
     A:    HEHEHE
     Cl:   ich ZIEH dirs von deinem Konto ab
     A:    HEHEHE
     A:    HAHAHAHAHAHOHOHOHO
15   Ge:   [ja (-) bei mir sagen se immer,
           Ja weißt du überhaupt
           Wie teuer die Telefonrechnung is,
           Das nächste Mal bezahlst du da mit,
     A:    HEHEHE
20   Ge:   ich dann so
           Oh Gott die CLAra ruft doch meistens an,
           Was kann ICH DENN da DAFÜR HEHEHEHE
     A:    HEHEHE
     Cl:   HE und ich so
25         Die Gesine ruft doch im[mer an (-)=
     Ge:                          [HEHEHE gä
     Cl:   =[soll ich dann au:flegen
     A:    HAHAHAHA              (aus Branner 2005: 136f.)
```

Ein erster grundlegender Unterschied zwischen dem Mündlichen und dem Schriftlichen fällt unmittelbar ins Auge: Während die schriftliche Erzählung nur einen Autor und damit monologischen Charakter hat, ist die mündliche Erzählung dialogisch angelegt. Nicht nur die Erzählung selbst wird weitergeführt von einer der Hörerinnen, sondern die ganze Erzählsequenz wird begleitet von den Reaktionen der Zuhörerinnen, in diesem Fall vornehmlich Gelächter. Die Rollen von Produzent und Rezipient sind also viel weniger strikt getrennt. Das hat zur Folge, dass der Produzent, also der Sprecher, im Mündlichen die Reaktionen seiner Hörer unmittelbar in die weitere Konzeption seiner Erzählung mit einplanen kann, während im Schriftlichen der Schreiber nur vermuten kann, wie das Geschriebene wohl aufgenommen werden wird. Dadurch erhält eine mündliche Erzählung eine viel flexiblere und offenere Struktur: Sie wird abgebrochen, von anderen weitererzählt, ergänzt, verändert, geht in andere Genres über, wie z.B. eine Diskussion oder eine Erklärung.

Der zweite grundlegende Unterschied liegt im Charakter des Mediums selber: Beispielsweise in Z. 03 wird dies sehr gut deutlich.

1. **Reparaturen**: Die Sprecherin beginnt ihren Satz mit *da hat*, korrigiert sich dann aber selbst zu *da ham*. Da Sprechen eine hochkomplexe Handlung darstellt, die in sehr hoher Geschwindigkeit ausgeführt werden muss (wir äußern nämlich ungefähr 10 Einzellaute pro Sekunde), kommt es häufig vor, dass wir uns versprechen oder einfach „umplanen". Beim Schreiben dagegen besteht prinzipiell eine fast beliebig lange Planungszeit. Dadurch sind viel weniger Korrekturen nötig. Auch sieht man einem fertigen schriftlichen Text Überarbeitungen oft nicht an, wie auch in unserem Beispiel.

2. **Verschleifungen, Klitisierungen**: Während im Schriftlichen die sprachlichen Einheiten deutlich voneinander getrennt sind, werden beim Sprechen oft Einheiten zusammengezogen. Aus *da haben sie* wird dann *da ham se*.

3. **Umgangssprachliche Lexik**: Auch in Bezug auf die Wörter unterscheiden sich mündliche und schriftliche Sprache manchmal. Wir nutzen im Mündlichen eher die sog. umgangssprachlichen Wörter, wie in dem Beispiel *rumgenervt*.

4. **Flexiblere Syntax**: Die Satzstrukturen sind im Mündlichen weniger restriktiv. Es finden sich Ellipsen, Anakoluthe, Aposiope-

sen, Apokoinu und anderes (vgl. hierzu Dudengrammatik 2009). Auch die Koordination der Sätze ist mündlich üblicher als die Subordination, die sich eher im Schriftlichen findet. Im Schriftlichen werden solche Formen deutlich weniger akzeptiert (vgl. die Koordination bei *weil*). Allerdings verfügt unser Tagebucheintrag als ja eher informeller Text auch über einige derartige Strukturen und ist damit in dieser Hinsicht nicht allzu typisch für eine schriftliche Erzählung.

5. **Diskurspartikeln**: Auch die Diskurspartikeln werden häufiger und variationsreicher eingesetzt mit vielfältigen Funktionen (z.B. in Z. 03 *irgendwie, doch* in Z. 04 und 21, *überhaupt* in Z. 16)

Nachdem nun einige Unterschiede allgemein beschrieben wurden, welche zwischen den beiden Medialitäten bestehen, wollen wir unser Augenmerk auf besonders typische Unterschiede lenken, die spezifisch für das Erzählen benannt werden können.

1. **Tempusgebrauch**: Während im Schriftlichen das Präteritum das präferierte und dominante Tempus ist, wird im Mündlichen meist im Perfekt oder im Präsens erzählt, lediglich hochfrequente Verben wie *haben, sein*, die Modalverben und einige andere finden sich im Präteritum. Auch in unseren Beispielen ist dies der Fall. Die Tempora Präsens und Perfekt werden daher als nähesprachliche Formen bezeichnet, während Präteritum eine distanzsprachliche Form ist (vgl. Topalović/Uhl 2014), wie wir bereits in Kap. 3.3 ausgeführt haben.

2. **Redewiedergabe**: Ein zentrales Element in Erzählungen ist die Redewiedergabe. Unsere Beispiele illustrieren, wie unterschiedlich die sprachlichen Mittel und die Konstruktionen jedoch ausfallen. Im Schriftlichen nutzt man meist redeeinleitende Verben (verba dicendi), wie z.B. in folgender Konstruktion: *aber der Papa sagte: Die Großmama der Hella ist...* Darüber hinaus können Anführungszeichen genutzt werden. Zwar stehen dem literarischen Erzählen neben direkter und indirekter Rede noch weitere Möglichkeiten zur Verfügung, die direkte Rede gilt aber als die übliche Form. Auch im Mündlichen werden verba dicendi genutzt, im Beispiel (21) Z. 15. Das Mündliche ist allerdings oft weniger explizit. Typisch sind in informellen oder jugendsprachlichen Erzählungen elliptische Konstruktionen wie in Z. 20: *ich dann so*. Derartige Konstruktionen finden wir auch in anderen Sprachen. Die amerikanische Umgangssprache kennt z.B.: *She's like..., she's all...* Eine weitere Möglichkeit, die meist sehr in-

tensiv genutzt wird, ist die prosodische, stimmliche Markierung (Günthner 2002). Leider lässt sich dies in unserem Transkript nicht gut einfangen. Typischerweise aber modellieren Erzähler ihre Stimme, zumindest dann, wenn die Redewiedergabe eine wichtige illustrierende Funktion in der Erzählung einnimmt. Ausführlicheres hatten wir bereits in Kap. 3.4 dargestellt.

In Kap. 2.2 hatten wir das Erzählkontinuum vorgestellt und dabei bereits erwähnt, dass idealtypisches Erzählen eher mit dem Schriftlichen in Verbindung steht, während im Mündlichen das Erzählen mehr dem anderen Pol des unspezifischen Erzählens zugeordnet ist. Die zwei Beispiele belegen dies, da man den Tagebucheintrag wohl eher als prototypische Erzählung ansehen würde als das Gespräch übers Telefonieren.

4.2 Modalitäten des Erzählens

Neben der Unterscheidung, in welchem Medium erzählt wird, ist eine weitere wichtige Differenzierung die Frage nach der Art und Weise, also der **Modalität** des Erzählens. Erzählen kann viele unterschiedliche Formen und Ausprägungen annehmen; die Bedingungen, unter denen erzählt wird, und die Ausführungsart können sehr vielfältig sein.

Zunächst einmal hat das Erzählen die Eigenschaft, dass es sowohl Bestandteil als auch Übergeordnetes in Bezug auf andere Diskurseinheiten sein kann. So kann einerseits eine Erzählung andere Genres beinhalten. Beispielsweise wird innerhalb einer Erzählung ein Sachverhalt genauer erklärt, es wird also eine Erklärsequenz eingeschoben (vgl. hierzu Morek 2013).

Im folgenden Ausschnitt erzählt ein Schüler im Rahmen eines Erzählkreises von einem Besuch im Zoo:

(22)
```
01   S:   U::ND (-) da waren auch !KOF!ferfische. (.)
     L:   !KOF!ferFIsche, was ist DAS denn;
          [Einschubsequenz]
     S:   KOFferfische die haben (.) ein gAnz (.) platten
05        BAU=AUCH, und gehen RU:::ND? Und dann GANZ schrÄg
          hoch, und hinten; und dann ham=se noch so den SCHWANZ,
          der (.) is so etwas geFORMT wie ein GRIFF
```
(aus Morek 2012: 81)

Die Erzählung des Schülers über den Zoobesuch wird unterbrochen durch die Nachfrage der Lehrerin. Daraufhin erklärt der Schüler, was Kofferfische sind. Somit ist die Erklärung Bestandteil der Erzählung.

Andererseits kann eine Erzählung auch umgekehrt Bestandteil einer Erklärung oder einer Argumentation sein. So könnte z.B. in eine Diskussion um Geschwindigkeitsbegrenzungen auf der Autobahn eine Erzählung über ein gefährliches Erlebnis mit Dränglern und überhöhter Geschwindigkeit eingeflochten werden. Die Erzählung dient dann der Illustration eines Argumentes.

Die Modalitäten des Erzählens umfassen außerdem die Tatsache, dass unterschiedliche **Erzählformen** oder **-genres** bestehen. Quasthoff/Kern (2005) bestimmen die beiden Erzählgenres „Fantasiegeschichte" und „Erlebniserzählung". Denn ob man etwas Selbsterlebtes oder etwas Ausgedachtes erzählt, bedeutet einen großen Unterschied für die Ausgestaltung und Beschaffenheit der Erzählung, wie wir an den untenstehenden Beispielen exemplarisch zeigen möchten. Bei dem Beispiel (23) handelt es sich um den Anfang einer Fantasiegeschichte eines siebenjährigen Mädchens.

(23)
```
01   Einma:l gingen (1) lisa und tim, tom und leo waren die hüt-
     te bauen schon mal, in den wald gegangen und wollten holz
     sammeln schon mal, aber irgendwas stimmte da nicht, kein
     holz lag da und kein einziges tier war da. dann kuck-
05   ten sie, wo die tiere alle waren, dann fanden sie die tie-
     re und das holz auch, das oben auf die bäume gestapelt war;
     und ein baumhaus entstand und da drin feierten die tiere,
     ein fest. die eichhörnchen sagten, da: könnt ihr euch noch
     was holen, da: ist hOlz genu:g, und dann sammelten sie sich
10   das und tim und dann nach einer weile kamen sie zurück und
     da war das baumhaus da (2) bei den eichhörnchen…
```

Das Beispiel (24) ist die Erlebniserzählung eines ebenfalls siebenjährigen Jungen:

(24)
```
01   K:   ich bin AUCH schon mal ins WAsser gefallen. (1,5)
     V:   aha - und erÄHL uns des mal (---) geNAUer; (--)
          wie is des [passie:rt?]
     K:   [da war] so=n TEICH - (--)
05   V:   mhm (1,5)
     K:   und da: (-) wollt ich WASser holen,
          und da bin ich REINgefallen. (2.5)
     V:   und dann?
     K:   da hat mi:ch (-) meine SCHWESter wieder rausgeholt.
```

Beide Beispiele können als typisch für das jeweilige Genre angesehen werden. Auch hier fällt der erste Unterschied unmittelbar ins Auge: Während die Fantasieerzählung als Monolog erscheint, ist das Erlebnis in ein Gespräch eingebettet. Man könnte auch sagen, der Hörer nimmt eine aktive Rolle ein, denn ohne die Ermunterung in Zeile 02 oder die Nachfrage in Zeile 08 wäre die Erzählung vielleicht gar nicht zustande gekommen. Strukturell lassen sich weitere Unterschiede erkennen: Die Fantasiegeschichte beginnt mit der typischen Formel *Einma:l*, die hier auch deutlich betont wird. Das Erlebnis dagegen beginnt zunächst mit dem sogenannten Abstract (Z. 01), welches lediglich ein unbetontes *schon mal* enthält, um dann die Konstruktion *da war* anzuschließen, jedoch ohne das charakteristische *mal* oder *einmal*, welches das Geschehen weiter in die Ferne rückt. Diese Distanzierung wird in der Fantasiegeschichte außerdem durch das Präteritum erreicht. Das Erlebnis schafft dagegen mit dem Perfekt eine nähesprachliche Form. Auch die übrige Wortwahl weist Unterschiede auf. So finden wir in der Fantasiegeschichte mit Formulierungen wie *aber irgendwas stimmte da nicht* oder auch *ein baumhaus entstand* sprachliche Mittel, die eher dem literarischen Erzählen als dem Alltagserzählen zuzuordnen sind. Daher finden wir sie auch kaum in Erlebniserzählungen. Schließlich bleibt noch zu erwähnen, dass Erlebnisse meist viel kürzer ausfallen als Fantasiegeschichten.

Zusammengenommen erinnern diese Unterschiede an das, was zwischen mündlichen und schriftlichen Erzählungen an Differenzen herausgearbeitet werden konnte (siehe Kap. 4.1). Es ist daher berechtigt von der Fantasiegeschichte als dem eher schriftsprachlich orientierten Genre und der Erlebniserzählung als dem eher mündlich orientierten Genre zu sprechen.

Unter didaktischer und erwerbspsychologischer Perspektive bieten sich noch weitere Differenzierungen an. Über die Unterscheidung der beiden Genres hinaus bestimmt Becker (2011) vier verschiedene Erzählformen. Neben Fantasie- und Erlebniserzählung treten noch die Nacherzählung und die Bildergeschichte. Mit letzterer Form ist das Formulieren einer Erzählung auf der Grundlage einer Bildfolge gemeint. Die Nacherzählung ist die Wiedergabe einer zuvor gehörten, gesehenen oder gelesenen Erzählung. Somit unterscheiden sich diese beiden Formen nicht bezüglich ihres Inhaltes, wie das bei Erlebnis und Fantasie der Fall ist, sondern bezüglich der Vorlage und des Erzählstimulus. Erwerbspsychologisch relevant ist diese Unterscheidung, da im Rahmen von Tests, Diagnosen und Lernbeobachtungen oft Bildergeschichten genutzt werden; auch im Unterricht sind sie oft Grundlage für das Erzählenlernen. Empirische Studien konnten aber belegen, dass die Erwerbsprozesse und Leistungspotenziale sich bezüglich aller vier Erzählformen erheblich unterscheiden. So gelingen z.B. Erstklässlern Erzählungen viel besser, wenn sie eine Geschichte nacherzählen, als wenn sie zu einer Bildfolge erzählen (Becker 2011).

Eine weitere Modalität betrifft die **Erzählbedingungen**. Eine Erzählung kann zum ersten Mal erzählt werden oder überhaupt nur einmal erzählt werden; besonders Aufregendes oder Lustiges erzählen wir aber gerne häufiger, dann entstehen sog. **retold stories** (zur Praxis des Wiedererzählens siehe Schumann/Gülich/Lucius-Hoene/ Pfänder 2015).

Ein schönes Beispiel für solch eine „wiedererzählte" Geschichte einschließlich einer umfangreichen Analyse findet sich in Günthner (2005). In einem Telefonat mit ihrer Mutter (Ulla) schildert Sara das folgende Erlebnis (aus Günthner 2005: 289):

(25)
```
20 Sara:   MI:R isch grad PASSIERT.(.). U:NGLAUBLICH.
           i bin grad zrück (.) komme,
           und hi dann war auf meim <<hi> AnRUFBEANTWORTER,>
           ne Nachricht (0.5) von nem Typ, (-)
           der sagt,
25         hh' ICH BIN (-) DER ^NACHBAR.
           UN SO GEHT'S ^NICH WEITER.
           SIE LASSEN NACHTS IMMER EIN ^LICHT AN.
           und da können wir nicht SCHLA:FEN.
           <<stakkatoWARUM STELLEN SIE IHR LICHT IMMER SO HIN.>
30         <<stakkatoDAß ES in unSER SCHLAFzimmer REIN LEUCHTET.>
   Ulla:   bei dir oder bei dene?
   Sara:   bei MI::R
   Ulla:   ha sag a=MO:::L
   Sara    so en DEPP.
35 Sara:   ond hat kein Name GSAGT;
           und dann bin i ins Vorderhaus; (-)
           ond hab einfach da DURCHklingelt,
```

Die zweite Erzählung dieses Ereignisses erfolgte ungefähr ein Jahr später, diesmal innerhalb einer Unterhaltung beim Abendessen unter Freunden (aus Günthner 2005: 294f.):

(26)
```
   Sara:   ich hatte in meiner alten Wohnung gegenüber so=en al-
           ten (.) TYP,
05         (-) Rentner,
           der hat sich bei [meiner <<hi>Vermieterin be
           SCHWERT> ]
```

```
     Ira:   [hahahahahahahahahahihihihihihihihi]
     Ira:   hahaha[ha]
     Fritz: [haha[hahahahaha]
10   Sara:  [ah NEIN. des] fing an.
     Sara:  da war auf meinem Anrufbeantworter war ne Beschwerde
            von (ihm)
            hier ist Ihr NachBAR,
            Sie l-leuchten NACHTS mit (.)
            I-Ihrer L_Lampe in mein Schla:f(.)zimmer REIN.
15          unterLAS.sen SIE. DAS.
     Ira:   HM.
     Sara:  (ja) KEIN. NA.ME NICHTS.
            dann bin ich rüber.
            un- und hab a-alle durchgeklingelt,
20          bis ich diesen (.) HERRN rausgeklingelt hatte=
     Ira:   =JA.
```

Bereits in ihrer ersten Fassung bewertet Sara das Ereignis als *unglaublich* und damit natürlich als sehr erzählwürdig. So ist es nicht weiter verwunderlich, dass sie bei einer sich bietenden Gelegenheit – selbst viele Monate später – erneut von den Vorkommnissen erzählt. Aus gesprächslinguistischer Sicht sind diese Daten vor allem deshalb interessant, weil sie verdeutlichen, wie die Sprecher ihre Erzählungen an die Situation, die Rezipienten und die Intention anpassen. Günthner bezeichnet dies mit den Worten von Walter Benjamin als „Spuren des Erzählers" (2005: 298).

Während für die erste Fassung noch die Unmittelbarkeit des Erlebten eine Rolle spielt, hat die zweite Fassung als Beitrag zu dem Thema „Ärger mit den Nachbarn" eher eine unterhaltende, illustrierende Funktion. Dadurch und natürlich auch durch die zeitliche Distanz ist sie dem originären Ereignis weiter entfernt. All dies spiegelt sich in den Versionen wieder. Fassung I verpackt den Vorwurf (Z. 29-30) noch in eine Frage, in Fassung II ist der Vorwurf viel expliziter: Während in Fassung I das Licht lediglich so hingestellt wurde, dass es *reinleuchtet*, wird in Fassung II daraus ein aktives Leuchten, welches als aktive intentionale Handlung natürlich viel kritikwürdiger erscheint. Weiterhin wird aus der eher impliziten Formulierung *UN SO GEHTS NICHT WEITER* eine unmissverständliche Aufforderung: *unterLAS.sen SIE. DAS*. Außerdem wird in Fassung I lediglich erwähnt, dass der Anrufer keinen Namen nennt; in Fassung II dagegen betont die Erzählerin: *KEIN. NA.ME NICHTS*. Die Erzählerin formuliert in ihrer zweiten Version also viel pointierter; was zunächst eher implizit war, wird nun direkter. Der Vorwurf des Nachbarn klingt viel schwerwiegender, er wird zur direkten Anschuldigung, verbunden mit einer ebenso direkten

Aufforderung. Mit dieser Darstellungsweise wird ein noch stärkerer Kontrast zur scheinbaren Belanglosigkeit des kritisierten Sachverhalts erzeugt. Diese Zuspitzung führt dazu, dass der Nachbar nun als unhöflicher Querulant erscheint und somit der Erzählbeitrag dann auch dem Rahmenthema passend.

Insgesamt zeigen selbst die wenigen Erzählungen, die wir in diesem Abschnitt vorgestellt haben, wie viele Faktoren die Art und Weise des Erzählens beeinflussen und wie vielschichtig und vielfältig das Erzählen dadurch sein kann.

4.3 Funktionen des Erzählens

> Eigentlich war es überhaupt nicht die Situation für Geschichten, weder fürs Erzählen noch fürs Zuhören. Aber irgendwie, musste Dupin zugeben, war er ein wenig froh: Es tat ihm, so seltsam es klang, gut: es holte ein Stück wohltuende Normalität zurück, es gab ihm Trost. Solange Riwal Geschichten erzählte, war die Welt noch in Ordnung.
>
> Bretonisches Gold, Jean-Luc Bannalec

Sprachliches Handeln allgemein – und damit eben auch das Erzählen – ist stets intentional und damit mit unterschiedlichen Absichten und Zwecken verbunden. Wir erzählen also nicht allein um des Erzählens willen, sondern unsere Erzählung ist immer in einen bestimmten Kontext, eine Situation eingebunden, hat einen Adressaten und erfüllt so auch immer eine **Funktion**.

Die Funktionen des Erzählens können allerdings ausgesprochen vielfältig sein: Wir erzählen, um uns darzustellen, uns zu erinnern, einen Sachverhalt zu veranschaulichen oder aber auch einfach zur Unterhaltung unserer Zuhörer. Erzählen kann eine didaktische, eine wissensvermittelnde oder eine therapeutische Funktion haben. Zuweilen sind die Funktionen aber auch subtiler. So dient das Erzählen etwa im Zitat oben der Etablierung eines gewohnten, vertrauten Alltagsrahmens. Dies scheint eine durchaus nicht seltene Funktion zu sein: Das wiederholte Erzählen in einem bestimmten Kontext führt dazu, dass es eine gewisse Ritualisierung erfährt, welche wiederum die oben beschriebene Wirkung haben kann.

Meistens vereint eine Erzählung mehrere Funktionen. Wir erzählen etwas, um Erlebtes miteinander zu teilen, dabei erzeugen wir aber gleichzeitig auch ein bestimmtes Bild von uns, so dass man ebenso noch von einer identitätsstiftenden Funktion sprechen kann. Auch nehmen wir dabei eine gewisse Haltung ein, bewerten das Geschilderte, grenzen uns von anderen Menschen oder Verhaltensweisen ab, so dass sich zudem von einer sozial-positionierenden Funktion sprechen lässt. Häufig erzählen wir auch in Form von „Belegerzählungen", etwa um in einer Diskussion argumentativ zu überzeugen.

In Kap. 4.1 wurde zwischen schriftlichem und mündlichem Erzählen unterschieden. Auch die Funktionen, die mündliches und schriftliches Erzählen übernehmen können, sind in vielen Fällen sehr unterschiedlich. Um das Folgende überschaubar zu halten, möchten wir uns zum einen auf das mündliche Erzählen begrenzen und zum anderen auch nur – eher exemplarisch – vier Funktionen herausgreifen und genauer in den Blick nehmen.

Zu bedenken bleibt, dass durch die sukzessive Auflistung und Ausführung der Funktionen der Eindruck entstehen mag, es handele sich um klar abgrenzbare Funktionen. In der Alltagskommunikation erfüllt eine Erzählung, wie oben bereits dargestellt, zumeist mehr als eine Funktion. Zudem können natürlich auch die Funktionen von Sprecher und Hörer unterschiedlich wahrgenommen werden. Umgekehrt kann allerdings auch die Erzählung entsprechend einer veränderten Funktion angepasst und variiert werden. In den weiter oben dargestellten Beispielen der retold stories analysiert Günthner (2005) zwei Versionen eines Ereignisses, erzählt in unterschiedlichen Situationen und gegenüber verschiedenen Hörern. Sie demonstriert dabei, wie die unterschiedlichen Funktionen, die mit den beiden Erzählereignissen einhergehen, die Art und Weise der Erzählung beeinflussen (vgl. Kap. 4.2).

(i) Unterhaltungsfunktion

Erzählen lässt sich als Grundform der menschlichen Kommunikation auffassen. Sobald Menschen aufeinandertreffen, beginnen sie sich auszutauschen über erlebte, gehörte oder auch in der Zukunft vorgestellte Ereignisse. Grund hierfür mag das Bedürfnis sein, Ereignisse besser zu verstehen, sie gemeinsam zu interpretieren, mitunter umzudeuten oder auch einfach nur der Wunsch, am Leben des Anderen teilzuhaben. Erzählen dient somit als wichtiges Mittel zur Herstellung von Nähe und der Festigung menschlicher Beziehungen. Bei der in der Literatur am häufigsten genannten Funktion des Erzählens steht daher auch das Teilen subjektiver Erlebnisse und Erfahrungen mit anderen im Zentrum. Wesentlich trägt hierzu der Unterhaltungsaspekt des Erzählens bei.

Besonders gerne erzählen wir in geselliger Runde, wenn uns unsere Kommunikationspartner vertraut und wir mit ihnen gleichberechtigt sind. Sind diese Voraussetzungen erfüllt, so bezeichnen

Ehlich/Rehbein (1980) dies als sog. **homileïschen Diskurs**. Smalltalk und Gespräche über Alltägliches sind Beispiele hierfür. Der homileïsche Diskurs unterscheidet sich z.b. vom institutionellen Diskurs, bei dem zwischen den Kommunikationspartnern meist ein Ungleichgewicht in Bezug auf Wissensbestände und Machtverhältnisse besteht (z.b. bei der Arzt-Patienten-Kommunikation oder dem Erzählen vor Gericht) und die Kommunikation stärker aufgabenorientiert ist.

Alltagserzählungen im Rahmen des homileïschen Diskurses zeichnen sich durch ihre hohe Unterhaltungsorientierung aus. Eine wichtige Rolle spielt hierfür der Aspekt der Erzählwürdigkeit, auf den wir in der Beschreibung des Kontinuummodells von Ochs/Capps (2001) bereits in Kap. 2.2 eingegangen sind. Die Erzählwürdigkeit zeigen sich Erzähler und Zuhörer beispielsweise gegenseitig an, wenn sie die Pointe einer Erzählung mit Lachen honorieren. Damit signalisieren sie, dass sie als Gruppe das geschilderte Ereignis in gleicher Weise interpretieren und stellen so Gemeinsamkeit her. Hieran lässt sich gut sehen, dass das Erzählen neben der Unterhaltungsfunktion gleichzeitig auch zum kollektiven Verständnis von Gruppen beitragen kann.

In geselliger Runde können die geschilderten Ereignisse den Zuhörenden auch schon bekannt sein. Oftmals geht es auch darum, gemeinsam Erlebtes oder Gehörtes wiederholt in Erinnerung zu rufen. Hierzu konstruieren die Beteiligten eine Erzählung kooperativ in Form sog. **Geflechterzählungen**, mit denen sie sich der gemeinsamen Erfahrungen vergewissern. Geflechterzählungen sind folglich stark dialogisch ausgerichtet und es gibt nicht immer einen klar erkennbaren primären Sprecher (vgl. Kapitel 2.2). Den Einstieg in eine solche Geflechterzählung möchten wir am Beispiel der Kommunikation unter Feuerwehrkameraden illustrieren, die sich zu einem geselligen Abend getroffen haben. Am Gesprächsausschnitt beteiligt sind Arne (A), die Brüder Marc (M) und Sebastian (S) und eine Freundin Kristina (K).

(27)
```
01   S:   passt auf,
          jetzt mal ne story (.) die hat unser VAter erzählt,
     S:   (zu M) die kennst du auch bestimmt mit dem eleFAnten,
     M:   der PAul hatte die erzählt;
05   S:   der PAPA hatte die erzählt;
     M:   NEIN=der PAul hatte die erzählt.
     S:   ne, die hat der papa erzählt.
          weil DER die von dem arne wusste;
     S:   ja gut.
```

```
10            faMIlie (.) neues AUto (.)
              fährt mit den kindern nach HAMburg;
              oder bremen=irgendwas da OBen,
              und die machen unterwegs stop=eh (.),
              zwischen hannover und bremen ist ein SAFARI park (.)
15            [da fährst du mit dem auto quer durch den saFARI park
      M:      [kannste mal gucken, was da raus gekommen ist=
              wieviel da von der ursprungsstory noch stimmt,]
      S:      unter anderem aber auch eleFANTEN.
      M:      [ich SAG ja, wieviel davon noch STIMMT nachdem das
20            fünf mal,]
      A:      [normalerweise bekommst du da eine FÜHRUNG durch oder
              mit einem MIETwagen,
     (?):     KLUGscheisser-
      S:      JA: du KANNST aber auch mit deinem [AUto durchfahren,]
25    A:      [du KANNST,]
      K:      [ach DO:CH, die kenn ich;]
      A:      [wenn du auf]JEGlichen schAdensersatz    verzichtest.
      S:      die fAhrn daDURCh
              (...)
```

In der Fortsetzung der Geschichte wird sodann geschildert, wie die Familie beim Durchqueren des Safariparks im Privat-PKW von einem Elefanten angegriffen wird. Doch schauen wir, wie es zum Einstieg in die Erzählung kommt. Nachdem S eine Narration als solche metasprachlich angekündigt hat (*jetzt mal ne story*), scheinen die beiden Brüder zunächst um das Rederecht zu konkurrieren. Am Inhalt ihrer Beiträge wird erkennbar, dass es sich im Folgenden um eine in der Vergangenheit bereits schon mehrfach erzählte Geschichte handeln wird. Im weiteren Verlauf verschaffen sich S und M eine gemeinsame Bühne zum Erzählen des Safariparkereignisses. Da S nun länger das Rederecht bei sich behält, übernimmt M hierbei vor allem die Rolle eines Kommentators. So baut er z.B. mit seiner Äußerung in Z. 16f. (*kannste mal gucken, was da raus gekommen ist=wieviel da von der ursprungsstory noch stimmt,*) bei den Zuhörern eine ganz bestimmte Erwartungshaltung auf und verweist in Z. 19 ein weiteres Mal, darauf, dass es sich um eine gleich mehrfach wiederholt erzählte Geschichte handelt. Wenig später schaltet sich nun auch A ein und baut die Geschichte mit Zusatzinformationen aus (Z. 21, 25, 27), die die Pointe der Erzählung besser vorbereiten. Er gibt damit zu erkennen, dass auch er mit dem Verlauf der Geschichte vertraut ist, was schließlich auch K für sich in Z. 26 zugibt.

Der Umstand, dass das geschilderte Ereignis für die Zuhörer keineswegs neu ist, ändert nichts daran, dass die Geschichte nachfolgend (außerhalb des Ausschnitts) bis zu ihrem Ende detailreich fortgesetzt und am Ende von allen Beteiligten mit ausgiebigem Gelächter einhellig als humorvoll bewertet wird. Der Unterhaltungsaspekt von Geflechterzählungen mag also vor allem darin liegen, dass mehrere Personen Spaß und Freude dabei empfinden, geteilte Erinnerungen gemeinsam erneut mitteilbar zu machen und wie auf einer Theaterbühne effektvoll aufzuführen.

(ii) Identitätsstiftende Funktion

Des Weiteren können durch Narrationen **Identitäten** erzeugt werden. In Gesprächen über Selbsterlebtes entwerfen wir immer auch gleichzeitig ein Bild davon, wie unser Gegenüber uns wahrnehmen soll – sei es als Experte, als Freundin, als Held, als humorvolle Person usw. Ebenso generieren wir aber auch ein Bild vom Gegenüber, schreiben ihm Eigenschaften zu wie z.b. Empathie, Unwissenheit, Unter- oder Überlegenheit. Mithilfe bestimmter konversationeller Verfahren erzeugen wir beim Erzählen also permanent Selbst- und Fremdbilder. Anders ausgedrückt: durch die Art, wie wir erzählen, konstruieren wir **narrative Identitäten**.

Diese Identitäten sind nicht als starre, vorab festgelegte Größen zu verstehen, sondern werden in der Interaktion dynamisch konstruiert. Sie werden abhängig von den Reaktionen des Gesprächspartners angepasst, revidiert und immer wieder neu ausgehandelt. Dies geschieht, indem wir durch unsere besondere erzählerische Darstellung automatisch und fortwährend **Positionierungen** für uns selbst und andere vornehmen. Damit sind diskursive Praktiken gemeint, „mit denen Menschen sich selbst und andere in sprachlichen Interaktionen aufeinander bezogen als Personen her- und darstellen" (Lucius-Hoene/Deppermann 2004: 168). Insbesondere in Untersuchungen, die das autobiographische Erzählen innerhalb narrativer Interviews als Erhebungsmethode nutzen, kommen Positionierungsaktivitäten der Beteiligten besonders gut zum Vorschein. Aber auch außerhalb von Interviews sind Positionierungsaktivitäten ein elementarer Bestandteil des interaktionalen Austauschs.

In einer feineren Differenzierung lassen sich **Selbstpositionierungen** von **Fremdpositionierungen** unterscheiden (vgl. ebd.). Mithilfe von Selbstpositionierungen geben wir unserem Interaktionspartner zu verstehen, wie wir gerne gesehen werden möchten. Fremdpositionierungen zielen dagegen darauf ab, dem Gegenüber zu verdeutlichen, wie wir ihn sehen. Mit welchen darstellerischen Mitteln nehmen Erzähler solche Positionierungsaktivitäten vor?

Zum Verdeutlichen von Selbstpositionierungsaktivitäten soll folgender Ausschnitt einer Erzählung dienen, die in einem narrativbiographischen Interview aufgezeichnet wurde (entnommen aus Wortham 2000). Darin erzählt Jane, die zum Zeitpunkt des Interviews bereits kurz vor ihrem 60. Geburtstag steht, in einer Rückschau von ihren Kindheitserinnerungen. Typisch für das narrativbiographische Interview ist, dass dem Interviewten angesichts geringer interaktiver Steuerung durch den Interviewer gewollt ein größtmöglicher Gestaltungsraum für seine narrativen Ausführungen offensteht.

(28)
```
01   J:   when I was seven my parents were divorced. and, my
          mother went into the marketing field. and for some
          reason was talked into, by a man I've never forgotten
          his name, by the name of Mr. McGee. Um: that I should
05        uh, that she should consider uh putting me in school,
          a boarding school. and he recommended The Irish Girls'
          Academy which is in New York.
     I:   is- were you born in New York?
     J:   I was born in New York, in Manhattan. and uh, she
10        looked into it, and they had some kind of sliding
          scale and even though I was Armenian, they agreed to
          take me for- I don't know, fifty dollars a month which
          when I- I remember- I don't know why we were fifty
          dollars a month, but when you look back to, 1940 fifty
15        dollars a month was a lot of money.
     I:   uh huh.
     J:   a lot. (2.0) [...] I was there for five years. until I
          was twelve. I saw my mother on, one weekend a month.
          one long- you know, you'd go home on Friday night and
20        come home on Sunday night. sometimes they were- you
          were allowed to visit with your mother on Sundays on-
          ly. those five years were (1.0) horrendous.
     I:   unh. the teachers at the Academy, nine out of ten of
          them came from Europe. Extraordinarily oppressed wom-
25        en. I mean, we're talking, I mean it- it almost goes
          without saying, but unbelievable. um quite mean and
          vindictive. I was beaten, which my mother did not know
          about.
```

Diese Episode enthält vier Charaktere: Jane – das erzählte Ich – als Siebenjährige, ihre soeben geschiedene Mutter, Mr. McGee, der die Empfehlung ausspricht, Jane in ein Internat zu schicken und die dort anzutreffenden Lehrpersonen. Mithilfe der Beschreibung dieser Charaktere gelingt es der Erzählerin, sich selbst gleich in mehrerlei Hinsicht als passives Opfer zu positionieren: die Schulentscheidung wird über ihren Kopf hinweg getroffen, das als *mean and vindictive* beschriebene Lehrpersonal *agreed to take* Jane und sie erfährt im Internat schließlich körperliche Misshandlungen. Die Mutter wird von der Erzählerin als schwach und abhängig von den Vorschlägen anderer präsentiert. Als Folge erfährt das erzählte Ich durch sie keinen Schutz. Dagegen wird Mr. McGee als aktiv und manipulativ agierend dargestellt, er ist letztlich stärker als Janes Mutter, sodass diese seinen Plänen zur Internatseinschulung nachgibt. Alle vier Charaktere werden durch die erzählerische Darstellung Janes jeweils unterschiedlichen sozialen Typen zugeordnet. Auf diese Weise erarbeitet sich die Erzählerin kommunikativ ein ganz bestimmtes Selbstbild. Gleichzeitig zeigt das Beispiel so auch, dass Selbstdarstellungen nicht direkt, sondern meist implizit über die geschilderten Handlungen und Personenkonstellationen erfolgen. Es bleibt Aufgabe des Zuhörers, diese zu interpretieren und zu bewerten.

Bei Fremdpositionierungen ist es lohnenswert vor allem in den Blick zu nehmen, welche Handlungsreaktionen sie im Gespräch sie nach sich ziehen, denn sie können vom Gegenüber entweder akzeptiert oder zurückgewiesen werden. Anhand des folgenden Beispiels lässt sich dieses fortwährende Aushandeln veranschaulichen. Es handelt sich dabei um einen Ausschnitt aus einer Fernseh-Talkshow (siehe auch der Sendungsmitschnitt auf www.youtube.com/watch ?v = HAEd9sq6PKQ; Minute 13:51 bis Minute 15:34), in der die beiden eingeladenen Gäste, der Politiker Christopher Lauer (CL) sowie die Medienpädagogin Dr. Paula Bleckmann (PB) kontroverse Ansichten zum Umgang mit digitalen Medien vertreten. Im Eingangstrailer der Sendung wird die Position von Frau Bleckmann plakativ zusammengefasst als ein Plädoyer dafür, den Besitz eines Smartphones für Jugendliche unter fünfzehn Jahren zu verbieten. Der Ausschnitt setzt ein, als Herr Lauer Frau Bleckmann dazu auffordert, von den Erfahrungen des Mediengebrauchs ihrer eigenen Kinder zu erzählen.

(29)
```
01   CL:   nein=aber ähm jetzt ma spaß bei seite;
           wenn sie sich mit ihrn kindern hinsetzen-
           auch schon früher;
           äh facebook fernsehn erklärn-
05         was das is,
           was das macht,
           wofür mans benutzen kann;
           dass sie sagen-
           das is das internet,
10         wenn du was nachguckn willst,
```

```
              is das total super (.).
              wenn du dich mit deinen freunden treffen willst,
              kannste=äh äh das aber auch vielleicht besser im café
              machn oder im kino;
    15        äh kino,
              kino is das auch-=
              =geht DAS dann auch erst ab fünfzehn,
              oder is das früher?
         PB:  (1.0)sie meinen jetzt im allgemeinen-
    20        oder äh für meine kinder?
         CL:  (.)äh=also SIE habn da ja ein bestimmtes menschenbild,
              und die früh=frühkindliche entwicklung-
              deswegen=des kam mir nur jetzt nur so[spontan übers
              kino-
    25   PB:  ALso herr lauer ich möchte EIne sache GANZ dringend
              mal klarstellen,
         CL:  hm=hm
         PB:  es is überhaupt nich sodass ich: ne NEINsagerin bin-
              die überall nur risiken sieht;
    30   CL:  hat das jemand hier gesagt?
         PB:  natürlich ähm das wäre mir in den mund gelegt.
```

Zu Beginn des Ausschnitts entwirft Herr Lauer narrativ ein Szenario zum Ablauf eines möglichen Aufklärungsgesprächs zwischen Frau Bleckmann und ihren Kindern. In Form fingierter Rede inszeniert er hierzu einen hypothetischen an ihre Kinder gerichteten Redebeitrag. Mit Erwähnung des Kinobesuchs kommt Herr Lauer innerhalb des konstruierten Szenarios schließlich zu einem Punkt, an dem er, ganz so als wolle er den Redebeitrag möglichst authentisch gestalten, die Frage aufwirft, ab welchem Alter Frau Bleckmann einen solchen erlauben würde. Er inszeniert also, dass die Fortsetzung des hypothetischen Dialogs zunächst eine Antwort von Frau Bleckmann erfordert. Seine Gesprächspartnerin jedoch steigt nicht in eine weitere narrative Bearbeitung der entworfenen vorgestellten Erzählwelt ein, sondern reagiert mit einer Gegenfrage zum Gültigkeitsbereich der gestellten Frage. Herr Plauer nimmt daraufhin eine Fremdpositionierung vor, mit der er Frau Bleckmann als Vertreterin eines bestimmten Menschenbildes präsentiert. Auch wenn seine Formulierung *SIE habn da ja ein bestimmtes menschenbild und die früh=frühkindliche entwicklung* recht vage bleibt, gibt dies Frau Bleckmann Anlass genug, die erfolgte Charakterisierung zurückzuweisen. Ihr metakommunikativer Kommentar (*ich möchte eine sache GANZ dringend mal klarstellen*) veranschaulicht, dass Sprecher Fremdpositionierungen bei Nichtakzeptanz kommunikativ aufgreifen und neu aushandeln. Damit zeigen sich die Beteiligten einander auf, wie sie die Positionierungsaktivitäten des Anderen jeweils deuten. Frau Bleckmann beispielsweise expliziert aus ihrer Sicht, was in Herrn Lauers Kategorisierung *ein bestimmtes Menschenbild* zwar implizit blieb, aber gestützt durch die narrative Darstellung des hypothetischen Dialogs innerhalb der Erzählwelt mitschwang *(es is überhaupt nich so dass ich: ne NEINsagerin bin die überall nur risiken sieht)*. In diesem Ausschnitt ist interessant zu beobachten, wie Herr Lauer die Gültigkeit dieser Interpretation im Gegenzug ebenso als nicht zutreffend zurückweist. Mit einer Frage *(hat das jemand hier gesagt?)* versucht er zu negieren, dass der Medienpädagogin diese Eigenschaften zuvor zugesprochen wurden. Frau Bleckmann beendet die Sequenz daraufhin mit dem Hinweis, dass ihr diese Charakterisierung *in den Mund gelegt* worden wäre. Sie bringt damit ein wesentliches Prinzip von in Narrationen eingebetteten Fremdpositionierungen auf den Punkt: Indem wir in der Erzählwelt Personen auf eine bestimmte Art und Weise sprechen und handeln lassen, nehmen wir zugleich Positionierungen derselben Personen vor, selbst wenn für alle Beteiligten erkennbar ist, dass es sich um rein hypothetische Ereignisse handelt. Ganz so wie wir es auch bei den obigen Selbstpositionierungsaktivitäten im Beispiel von Jane beobachten konnten, verbalisieren Sprecher hierbei nicht direkt, welches Bild sie konstruieren. Vielmehr nutzen sie die innerhalb der Erzählwelt entworfenen Handlungen und Personenkonstellationen, um auf indirektem – und damit auch weniger angreifbarem – Wege Fremdbilder und somit Identitäten zu entwerfen.

(iii) Therapeutische Funktion

Neben den ersten beiden geschilderten – vorrangig kommunikativen Funktionen – kommt dem Erzählen auch eine therapeutische Funktion zu und dies sowohl in rezeptiver als auch produktiver Hinsicht. Geschichten verfügen über das Potential, komplexe Sachverhalte und Problemzusammenhänge leicht verständlich zugänglich zu machen und gleichsam Handlungsspielräume sowie alternative Lösungsansätze aufzuzeigen. Aus diesem Grund kommen sie häufig in therapeutischen Kontexten zum Einsatz. Die Bibliotherapie beispielsweise nutzt die heilende Kraft von literarischen Geschichten, mit denen sich der Leser identifizieren und so Trost erfahren und Ansatzpunkte für Problemlösungen erhalten kann. Auch hat das sog. Storytelling, bei dem eine Geschichte gemeinsam vom Therapeuten und Patienten erzählt wird, als Methode in den letzten Jahren immer größere Akzeptanz gefunden – und dies nicht nur in therapeutischen Zusammenhängen, sondern auch beispielsweise im schulischen Unterricht. Insgesamt stellt das Erzählen im medizinisch-therapeutischen Gespräch ein ganz wesentliches Medium zur Wiedergabe biografischer Erfahrungen dar. In Situationen, in denen Menschen von für sie ungelösten oder in ihrer Bedeutung nicht zu erschließenden Ereignissen erzählen, neigen sie dazu, Teile der Erzählung isoliert stehen zu lassen, sodass etwa Erzählungen traumatischer Erfahrungen wesentlich weniger kohärent ausgestaltet sind als Erzählungen glücklicher Erlebnisse (vgl. Ochs/Capps 2001).

Ein mittlerweile gut untersuchter Bereich sind Erzählungen im Kontext der Psychotherapie. Die Narrationsforschung hat hier insbesondere für diagnostische Zwecke eine hohe Anwendungsrelevanz. Grundannahme dabei ist, dass sich aus den narrativen Darstellungsformen in Patientenerzählungen Schlüsse ziehen lassen, die dem Therapeuten dazu verhelfen, die Persönlichkeitsdynamik der Patienten, ihre Beziehungsmuster, Konflikte und Wünsche besser zu erkennen (Boothe 2011). Der Patient legt hierzu Alltagserlebnisse und darin erfahrene Probleme dar. Aufgabe des Therapeuten ist es, seine Aufmerksamkeit nicht nur darauf zu richten, *was* erzählt wird, sondern *wie* der Patient das erzählte Ich konstruiert (vgl. ebd.). Es gibt Forschungsergebnisse, die zeigen, dass beispielsweise Krankheitserzählungen nach typischen strukturellen Mustern ablaufen, etwa der Darstellung dessen, wie man von den Beschwerden unvermittelt ereilt wurde und was man als Folge danach unternommen hat. Solche Auswertungen aufgezeichneter psychotherapeutischer Sitzungen können bis hin zu diagnostischen Differenzierungszwecken genutzt werden. So gestalten beispielsweise Epilepsiepatienten Erzählungen über ihre Anfälle systematisch anders als Patienten mit psychogenen Anfällen und wiederum anders als Menschen, die von ihren Panikattacken erzählen. Diese Unterschiede zeigen sich beispielsweise im unterschiedlichen Gebrauch vorgeformter Wendungen und Metaphern (Gülich/Schöndienst/Surmann 2002, Boothe 2011). Neuere Arbeiten beschäftigen sich in diesem Zusammenhang auch mit Erzählpassagen, in denen es um Inhalte geht, die für eine Verbalisierung besonders schwer zugänglich und dem Zuhörer somit schwer vermittelbar sind. Dies wird von den Patienten selbst so auch kommuniziert, indem sie mit metadiskursiven Kommentaren auf die Unbeschreibbarkeit der Ereignisse verweisen (z.B. *das KANN ich ja nich (.) eben beschrEIben, weil das sO komisch is;* entnommen aus Gülich 2005: 226f.).

(iv) Pädagogisch-didaktische Funktion

Abschließend möchten wir auf die pädagogisch-didaktische Funktion des Erzählens eingehen – einen Funktionsbereich, der vor allem in den letzten Jahren wieder stärker von den Erziehungswissenschaften und Fachdidaktiken aufgegriffen wird, wenngleich es sich hierbei um „eine (alt)bekannte und (alt)bewährte Form der Wissensvermittlung" handelt (Fahrenwald 2011: 15). Um ihrem Auftrag der Wissensaneignung gerecht zu werden, ist die Institution Schule auf geeignete mehrere Individuen ansprechende Methoden angewiesen. In diesem Zusammenhang erscheint das Erzählen zunächst der Vermittlung von Fachbegriffen und Faktenwissen entgegen zu stehen, lebt es doch von Emotionalität und subjektiven Interpretationen. Dass es sich bei dieser Lesart um eine nur allzu oberflächliche Einordnung handelt, wird schnell klar, wenn man sich in Erinnerung ruft, dass Erzählungen zu den ersten Mitteln gehören, mit denen sich Kinder ihre Welt erschließen und ihre Wahrnehmung schärfen (vgl. auch Dehn/Merklinger/Schüler 2014). Erzählen als Mittel der Wissenserzeugung und -vermittlung in Unterrichtskonzepten und narrativ gestalteten Medien zu berücksichtigen, ist daher sicherlich auch noch bei älteren Kindern gewinnbringend. Argument hierfür ist, dass Geschichten – so sie denn lebensrelevante Inhalte aufweisen – für Kinder einen Kontext bieten, indem sie intrinsisch motiviert lernen und ihre Kreativität, Phantasie und eben auch ihre kognitiven Fähigkeiten und ihre Konzentration schulen können.

Dies schließt auch das verbesserte Lernen von Fakten ein. So konnte im Rahmen einer Intervention gezeigt werden, wie Erzählungen (The Two Puppies Story) dazu dienen können, physikalische Phänomene zu erklären (Sohmer/Michaels 2005). Hintergrund zu dieser Methode ist, dass naturwissenschaftliche Erklärungen Wert darauf legen, physikalischen Objekten gerade keine Intentionen, Wünsche und Emotionen zuzuschreiben (ebd.). Zu Beginn des naturwissenschaftlichen Lernens neigen junge Lerner jedoch dazu, solche Zuschreibungen im Rahmen von Erklärungen vorzunehmen (z.B. *Der Rauch stieg in der Flasche auf, weil er raus wollte*, ebd.: 63). Die Intervention griff diese Zugangsweise auf, indem sie die Kontextualisierungskraft von Geschichten nutzte und den Kindern damit dazu verhalf, ihre intuitiven Konzepte nach und nach um wissenschaftliche Konzepte zu erweitern. Narratives Lernen im Klassenzimmer setzt somit zuvorderst auf Anschaulichkeit und Nähe zum eigenen kindlichen Erleben.

4.4 Zusammenfassung

In diesem Kapitel haben wir gezeigt, dass das Erzählen seine charakteristischen Ausprägungen erfährt, je nachdem ob mündlich oder schriftlich erzählt wird; auch können noch weitere Erzählformen oder -genres definiert werden, die ebenfalls dazu führen, dass eine Erzählung eine bestimmte Gestalt annimmt. Weiterhin wurde deutlich, wie unterschiedlich und vielfältig die Funktionen sein können, die mit dem Erzählen verbunden sind und die weit über die naheliegenden Funktionen des Informierens und Unterhaltens hinausgehen.

Aufgabe 1: Untersuchen Sie weitere sprachliche Formate oder Textsorten bezüglich der Unterschiede zwischen den Medialitäten, wie z.B. einen Bericht in der Tagesschau oder Zeitung oder eine Verabredung mündlich und per Mail oder Whatsapp.
Aufgabe 2: Stellen Sie anhand des bisher Erarbeiteten und der Beispielerzählungen eine Liste der Faktoren zusammen, die das Erzählen beeinflussen.
Aufgabe 3: Beobachten Sie im Rahmen einer kleinen Feldstudie in Ihrem Umfeld das Vorkommen von Erzählungen innerhalb von Alltagsgesprächen. Welche Funktionsbereiche lassen sich am häufigsten beobachten?
Aufgabe 4: Untersuchen Sie das folgende Beispiel in Bezug auf die Multifunktionalität von Erzählungen.

(30)
```
01   Sa:  und da fahr ich so lang,
          ((fährt sich mit Hand durch die Haare))
          [und dann>>
     a:   [HAHAHAHAHA=((hysterisches, hohes Lachen))
05   Cl:  [ja gä die>
     Cl:  [ehj ehj
     a:   =[HAHAHAHA
     Kr:  [mir wirds immer wieder schlecht;
     Sa:  ↑<ich hab voll lang gebrau[cht=
10   Sa:  =bis ich gemerkt hab des is ↑Kotze.>
     a:   HAHA[HAHAHA HAHAHAHAHAHAHAHA=
          ((sehr hohes Lachen))
     Cl:  [ehj ich fands ehj immer,
          des war eklig,
15        weil ich bin dann mit ihr heimgefahren;
          und ham wer   dann[ganz hinne gesessen↑
     Sa:       [und der ganze Achter war leer.
          und des hat so gestunken.
     ?:   [HAHAHAHA
          ((sehr hoch))
20   Cl:  [und dann ham wer mit Taschentüchern,
          ehj mit Taschentüchern ham wer des dann noch so weggewischt gä,
```

```
     Ge:  und bis ich dann mal gerafft hab,
25        daß es Kotze is,
          [und nachdem die Clara und ich;
     Cl:  [wir ham ehrlich nix gerafft;
     Ge:  =wir haben uns so hinter in die Ecke gedrückt
          <<f,↑<A::: ↑I:>>>
30   a:   HAHA[HAHAHAHAHAHA=
     Sa:  [und ich so und ich dann so oh was war denn da?
     a:   =HAHAHA
```

(Beispiel gekürzt aus Branner 2005: 123f.)

Grundbegriffe: Medialität, Modalität, Erzählgenre, homileïscher Diskurs, Erzählform, Geflechterzählung, narrative Identität

Weiterführende Literatur: Branner (2005); Feilke (2006); Günthner (2002); Koch/Oesterreicher (1985); Lucius-Hoene/Deppermann (2004); Topalović/ Uhl (2014); Wortham (2000).

5. Erzählerwerb

In diesem Kapitel möchten wir der Frage nachgehen, wie sich die Fähigkeit zum Erzählen im Kindesalter entwickelt. Hierzu gehen wir zunächst auf die Bedeutung dialogischer Unterstützungsprozesse ein. Anschließend nehmen wir in den Blick, welche Teilfähigkeiten ein kompetenter Erzähler mitbringt und skizzieren für unterschiedliche Altersstufen, wie Kinder im Laufe ihres Erzählerwerbsprozesses diese Teilfähigkeiten aufbauen. Dabei berücksichtigen wir auch die kognitiven und sozial-kognitiven Vorläuferfähigkeiten im Kleinkindalter, welche neben den sprachlichen Teilfähigkeiten eine wesentliche Voraussetzung für das Erzählen darstellen (vgl. Klann-Delius 2005). Zu den kognitiven Vorläuferfähigkeiten zählt insbesondere das Ausbilden mentaler Repräsentationen von Ereignissen, also die Frage, wie wir Ereignisabfolgen eigentlich in unserer Erinnerung abspeichern. Dies ist für das Erzählen insofern eine wichtige Voraussetzung, als dass die Geschehnisse in einer für den Zuhörer nachvollziehbaren Reihenfolge präsentiert werden müssen. Mit sozial-kognitiven Vorläuferfähigkeiten ist die Fähigkeit gemeint, das zu Erzählende an den Verstehensleistungen des Zuhörers auszurichten, damit ein Gesprächspartner es auch nachvollziehen kann. Hierfür muss der Erzähler sich in einem ersten Schritt aber in sein Gegenüber hineinversetzen und antizipieren, welche Informationen für ihn besonders relevant sind. Die Fähigkeit, sich in Andere hineinzuversetzen und deren Wissensbestände abzuwägen, erwerben Kinder erst im Laufe der Zeit, entscheidend im vierten Lebensjahr.

(31) Brand im Landhof Dreyer; E = Erwachsene, K = Kind (3;6)
```
01   E:   und hast du angst vor gewitter?
     K:   oah. vor donner hab ich noch mehr angst.
     E:   vor donner noch mehr. noch mehr als vorm blitz?
     K:   ja wenn blitzausschlag is dann brennt oben das land-
05        haus dreyer
          is schon vom blitzschlag abgebrannt. ab'
     E:   hm=hm.
     K:   a' abgebrannt. ganze dach kaputt. alle fenster. kom-
          plett alles dach kaputt. alles.
10   E:   das ganze dach ist kaputt gegangen? und dann kam die
          feuerwehr?
     K:   ja hat d' alles gelöscht. ganze qualm.
     E:   gottseidank. ist denn da irgendwas schlimmes passiert?
          also außer dass das haus abgebrannt ist?
15   K:   ja die menschen sind auch abgebrannt.
     E:   die sind auch alle abgebrannt?
```

```
       K:   ja die sind auch tot.
       E:   ham die es nicht rechtzeitig aus dem haus geschafft?
       K:   ne:.
20     E:   ne:?
       K:   ne. eh da war da kam schon ganz da hat direkt das haus
            gebrannt. der qualm kam. und das feuer.
       E:   und das ist alles vom blitz passiert?
       K:   ja.
```

Selbst ohne Altersangabe oberhalb des Abschnitts wäre leicht zu erschließen gewesen, dass es sich hier nicht etwa um eine Unterhaltung zwischen Erwachsenen handelt, sondern ein jüngerer Gesprächspartner – in diesem Fall ein Dreijähriger – beteiligt ist. Welche Merkmale aber sind es genau, die uns diese Erzählinteraktion als charakteristisch für die Art und Weise erscheinen lassen, wie Unterhaltungen zwischen jüngeren Kindern und Erwachsenen typischerweise ablaufen?

Kennzeichnend ist, dass die Verantwortung für das Aufrechterhalten einer größeren sprachlichen Einheit, hier der Erzählung vom Brand eines Landgasthofes, wesentlich bei der Erwachsenen liegt. Quasthoff et al. (2011) verdeutlichen dies treffend mit dem Bild einer Wippe: der „schwerere Partner" – hier im übertragenen Sinne also der „erfahrenere Kommunikationsbeteiligte" – muss automatisch mehr leisten als das Kind, damit die Kommunikation in Gang bleibt. Die Redebeiträge des Kindes sind in ihrem Zustandekommen deutlich darauf angewiesen, dass die Erwachsene entweder Zustimmungssignale gibt (*hm=hm*), das Gesagte in Form von Paraphrasierungen oder Ergänzungen nochmals aufgreift (z.B. Z. 10, 16) oder mittels Nachfragen (z.B. Z. 10, 13, 18) weitere Informationen einholt.

Stellen wir uns vor, die Erwachsene hätte nichts erwidert, keine Signale des Zuhörens oder Verstehens gegeben, so wäre diese Unterhaltung sicherlich bereits nach dem ersten Redebeitrag des Kindes erloschen. Zusammengefasst zeigt das Beispiel, dass Kinder zu Beginn ihres Erzählerwerbs noch ganz entscheidend von der dialogischen Unterstützung eines Erwachsenen abhängig sind. Aus Spracherwerbsperspektive kann also angenommen werden, dass die Teilhabe an derart interaktiv konstituierten Erzählgelegenheiten einen entscheidenden Beitrag für den Aufbau von Erzählfähigkeiten leistet. Insgesamt soll dieses Kapitel dazu dienen, einen groben Überblick zu verschaffen, ab welchem Alter welche narrativen Teilkompetenzen erwartbar sind. Grob kann diese Skizzierung insofern nur sein, als in Anbetracht der derzeitigen Forschungslage zweierlei gegen ein Festlegen auf differenzierte Altersangaben spricht: *Erstens* weisen jüngere Untersuchungsergebnisse im Vergleich der Erzählleistungen einzelner Kinder zunehmend auf das enorme Ausmaß **interindividueller Unterschiede** hin. So finden sich beispielsweise unter Sechsjährigen sowohl Kinder, die bereits eine ausführliche und global-strukturierte Erzählung produzieren können, als auch Kinder, denen es lediglich gelingt, den Zuhörer mit rudimentären und wenig zusammenhängenden Informationen zu einer Ereignisabfolge zu versorgen. Entsprechend ihrem anfänglichen Interesse an konstanten Entwicklungsabfolgen hat die Erzählerwerbsforschung die Varianz in den Erwerbsprozessen einzelner Kinder lange Zeit vernachlässigt (Quasthoff 2009: 88).

Zweitens basierten Erwerbsstudien von jeher auf unterschiedlichen Erzählanlässen (z.b. Erzählen zu einer Bilderfolge, Nacherzählen eines Films, Erzählen eines Erlebnisses oder einer ausgedachten Handlungsabfolge etc.). So verwundert es auch nicht, dass die Untersuchungen allein aufgrund dieser methodischen Unterschiedlichkeit in den berücksichtigten Erzählformen fast zwangsläufig auch zu unterschiedlichen Resultaten bezüglich erwartbarer Altersstufen gelangen. Heute wissen wir, dass unterschiedliche Erzählformen mit jeweils unterschiedlichen Entwicklungsabfolgen verbunden sind und auch auf unterschiedlichen Erwerbsmechanismen beruhen (vgl. Becker 2011). Mehr noch konnten in den letzten Jahren Erkenntnisse zu **intraindividuellen Unterschieden** erlangt werden, die belegen, dass es selbst innerhalb desselben Individuums zu einer großen Varianz in den Erzählleistungen unterschiedlicher Erzählformen kommen kann. So muss beispielsweise ein Kind, welches hohe Erzählleistungen in der Fantasieerzählung zeigt, nicht zwangsläufig auch ein kompetenter Produzent von Erlebniserzählungen sein (vgl. Quasthoff/Ohlhus/Stude 2009).

Einigkeit besteht dagegen bezüglich der altersbezogenen Annahme, dass der Erzählerwerbsprozess keineswegs mit Schuleintritt beendet ist, sondern bis ins Jugendalter hindurch anhält. Für die folgenden Darstellungen differenzieren wir daher nach den Altersstufen *Vorschulalter*, *Primarstufe* und *Adoleszenz*. Das letzte Unterkapitel bündelt abschließend, welche Mechanismen und Antriebskräfte den Erzählerwerb nachgewiesenermaßen beeinflussen.

5.1 Teilfähigkeiten narrativer Kompetenzen

Der Frage, welche Teilfähigkeiten für das Erzählen erforderlich sind, möchten wir uns in diesem Abschnitt mittels der Überlegung nähern, welche konkreten Aufgaben sich beim konversationellen Erzählen stellen. Hilfreich ist es, sich hierzu in Erinnerung zu rufen, dass es sich beim Erzählen um eine sog. Diskursaktivität handelt, bei der es um Sprachproduktionen oberhalb der Wort- und Satzebene geht, für die der Aufbau globaler Strukturen zentral ist (vgl. Kap. 2.1). Dies beinhaltet, dass das Erzählen zum einen von einem größeren Gesprächskontext umgeben ist und zum anderen innerhalb dieses Diskurses eine eigenständige, in sich strukturierte Gesprächseinheit darstellt, welche selbst wiederum Einfluss auf den Gesprächsverlauf nimmt. Zum Eingang dieses Bandes (S. 6f.) sind wir darauf eingegangen, dass Erzählungen in sog. übersatzmäßigen Diskurseinheiten realisiert sind. Aus dieser Charakterisierung lässt sich zugleich ableiten, was ein kompetenter Erzähler alles leisten muss: er muss imstande sein, eine mehrere Äußerungen umfassende sprachliche Einheit kohärent aufzubauen, sie im Gespräch an passender Stelle zu platzieren und in ihrer narrationsspezifischen Darstellungsform, d.h. als Erzählung – und nicht etwa als Beschreiben oder Berichten – erkennbar werden zu lassen.

In der Literatur zum Diskurserwerb finden sich diese Aufgabenfelder unter den Bezeichnungen **Vertextung, Kontextualisierung** und **Markierung** wieder (vgl. Ohlhus/Stude 2009, Quasthoff 2009). Verstanden als Teilfähigkeiten narrativer Kompetenz möchten wir für diese nun umreißen, welche Erwerbstrends damit jeweils verbunden sind (vgl. auch Abb. 3, S. 67). Für alle drei Aufgabenfelder kann das oben angesprochene Bild der Wippe angewendet werden: die Aufgabenerledigung kann in dem Sinne ungleich verteilt sein, als dass der Erwachsene bei jüngeren Kindern mehr von diesen übernimmt als bei älteren Kindern, die diese Leistung bereits mit weniger Unterstützung zeigen. Im Folgenden soll dies am obigen Landgasthof-Beispiel (S. 61f.) illustriert werden.

1. Vertextung

Im Zentrum dieses Aufgabenfeldes steht der innere Aufbau einer Erzählung. Es geht also um die Frage, inwieweit es dem Kind gelingt, wichtige Inhaltselemente der Geschichte vollständig darzustellen und zu einer zusammenhängenden Einheit zu verknüpfen. Wie Kap. 3.2 erläutert, gehören zu diesen Inhaltselementen im Wesentlichen die Beschreibung der Ausgangslage (Orientierung/Setting), ein unerwartetes Ereignis (Planbruch/Komplikation) und eine Auflösung der Komplikation (Resolution) am Ende der Geschichte. Zu Beginn des Erzählerwerbs produzieren Kinder zunächst nur einzelne Äußerungen, die noch isoliert nebeneinanderstehen, im Gespräch also nur **lokal** miteinander verbunden sind und noch kein zusammenhängendes Ganzes ergeben. Zu späteren Entwicklungszeitpunkten sind Kinder dann immer mehr imstande, auch größere, **globale** Zusammenhänge herzustellen. Die wesentlichen Strukturelemente werden nun miteinander verknüpft. Der Entwicklungstrend innerhalb dieses Aufgabenfeldes geht also von zunächst lokalen hin zu globalen Strukturierungsfähigkeiten. In unserem obigen Beispiel ist das Kind zunächst nur zur Verbalisierung lokaler Äußerungen fähig. Dabei beginnt es seine Erzählung direkt mit dem Strukturelement der Komplikation, ohne vorab den Zuhörer über Raum, Zeit und Ort zu orientieren. Im weiteren Verlauf verbalisiert das Kind wichtige Informationen zur Auflösung. Eine temporale und kausale Verknüpfung zwischen den Ereigniselementen (Blitzschlag, brennendes Dach, Verletzte, Rettung durch die Feuerwehr) wird jedoch nur durch die unterstützenden Fragen der Erwachsenen hergestellt.

2. Kontextualisierung

Dieses Aufgabenfeld meint im Wesentlichen die selbständige Durchführung der narrativen Einheit sowie ihre angemessene Einpassung in den sie umgebenden Gesprächskontext. Damit verbunden ist, dass die Erzählung als solche auch wahrnehmbar wird. So muss für die Beteiligten beispielsweise deutlich werden, wann diese im Gesprächsverlauf beginnt sowie wann sie wieder beendet ist. Demnach geht es im Aufgabenfeld der Kontextualisierung vor allem um die Organisation des Erzählens als Gesprächsaktivität. Unter Erwerbsgesichtspunkten ist z.B. interessant, wie sehr das Kind schon erkennt, wann im Gespräch ein größerer Beitrag angemessen ist und ob es diesen nur **reaktiv** nach Aufforderung oder schon selbstständig **integrierend** umsetzt. Anfangs können Kinder mit den an sie als Erzähler gestellten Erwartungen, solch eine Gesprächsrolle autonom auszufüllen, noch nicht souverän umgehen. Jene Erzählimpulse des Erwachsenen an das Kind, die auf eine umfassendere Beteiligung im Gespräch abzielen – sog. **globale Zugzwänge** (z.B. *Erzähl mal, wie war das genau?*) – bedienen jüngere Kinder beispielsweise lediglich reaktiv mit bruchstückhaften, lokalen Einzelelementen der Erzählung. Meist benötigen sie eine erneute Einladung zum ausführlicheren Erzählen, eine sog. Re-Etablierung des globalen Zugzwangs. Im folgenden Ausschnitt lässt sich zeigen, wie ein Kind zunächst nicht die Erwartungen zum Verbalisieren eines Vorfalls in Form einer globalen Einheit erfüllt, sondern auf die Explizierung dieser Erwartungen durch die Erwachsene angewiesen ist, bevor es in die Erzählung einsteigt.

(32) Bedienen globaler Zugzwänge
```
01   E:     Da war doch plötzlich n Krách da ne?
02   K:     Ja -- ich habs mitgekricht
03   E:     Mensch erzähl mir mal wat warn da los?
```
(Transkript aus Hausendorf/Quasthoff 1996: 371)

Zu späteren Entwicklungszeitpunkten agieren Kinder diesbezüglich wesentlich selbstständiger und bearbeiten sequenzielle Erwartbarkeiten im Gespräch auf umfangreichere Weise. Der Entwicklungstrend dieses Aufgabenfeldes lässt sich also beschreiben als die immer größere Übernahme der mit der Erzählerrolle verbundenen interaktiven Verantwortlichkeiten zur globalen Strukturierung. In unserem Eingangsbeispiel bettet das Kind seine Erzählung vom Landgasthof selbstständig in einen größeren Gesprächskontext ein, dessen Rahmenthema sich mit „Gefahren durch Naturgewalten" umschreiben lässt. Mit Erwähnung des Blitzschlages assoziiert der Dreijährige den Brand des Landgasthofes und beginnt diesen eigenständig zu schildern (Z. 4). Von sich aus, und damit nicht nur rein reaktiv, sondern bereits autonom, macht er ein Angebot für eine narrative Einheit. Bezogen auf die Teilfähigkeit des Kontextualisierens ist das Kind demnach durchaus schon in der Lage, Stellen im Gespräch ausfindig zu machen, an denen eine thematisch passende Erzählung angebracht ist. Jedoch kann es seine Beiträge noch nicht über einen längeren Gesprächszeitraum selbstständig aufrechterhalten. Ebenso gelingt es ihm beispielsweise noch nicht, deutlich zu machen, wann seine Erzählung abgeschlossen ist. Diese Aufgabe übernimmt wiederum die Erwachsene, indem sie nach Einholen aller für einen inhaltlichen Abschluss notwendigen Informationen ab Zeile 22 zurück zum ursprünglichen Gesprächsthema überleitet (E: *und das ist alles vom blitz passiert?*).

3. Markierung

Das Aufgabenfeld der Markierung beinhaltet, dass die Diskurseinheit spezifisch als Erzählen – und eben nicht etwa als Berichten oder Beschreiben – erkennbar wird. Es geht also auf Formulierungsebene um den Einsatz genrespezifischer sprachlicher Mittel und Erzählmuster. So lässt sich beispielsweise an einer Eingangsformel wie *es war einmal* leicht rückschließen, dass es sich um das Genre Märchen handelt. Neben genrespezifischen sprachlichen Mitteln umfasst die Markierung ebenso, die Erzählstruktur als solche deutlich zu machen. Es muss z.B. erkennbar werden, worin der Erzähler das Erzählwürdige seiner Geschichte sieht und wie seine Haltung zum Gesagten ist (kennzeichnet er die Geschehnisse etwa als überraschend, unerhört, lustig, dramatisch etc.). Unter Erwerbsgesichtspunkten setzt das Aufgabenfeld der Markierung also an der Frage an, inwieweit das Kind bereits wichtige Strukturelemente der Erzählung (z.B. eine Komplikation) an der sprachlichen Oberfläche erkennbar werden lässt und deren Verknüpfung mit entsprechenden sprachlichen Mitteln verdeutlichen kann (z. B. durch Konnektoren und Referenzherstellung). Ein Entwicklungstrend lässt sich hierbei beginnend bei nicht vorhandenen über **implizite** Mittel, also rein stimmlichen Realisierungen wie etwa ein Lachen als Markierung lustiger Stellen innerhalb der Erzählung, hin zu **expliziten** lexikalischen Markierungen (z.B. Bewertungen) erkennen. Im obigen Beispiel liefert das Kind zwar wesentliche Informationen zum Brand des Landgasthofes, es gelingt ihm aber noch nicht, den Geschehnissen eine emotionale Komponente zu verleihen – ein typisches Merkmal von Narrationen (vgl. Kap. 2.1). Auch dies wird in diesem Beispiel vornehmlich durch die Erwachsene gewährleistet. So setzt sie stellvertretend für das Kind z.B. bewertende und dramatisierende Mittel ein (Z. 12 *gottseidank*, Z. 24 *gefährlich ne*). Abbildung 3 führt die beschriebenen Entwicklungstrends der drei Aufgabenfelder nochmals grafisch zusammen.

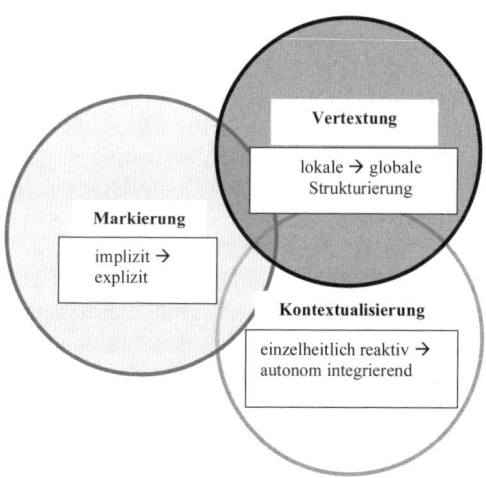

Abb. 3: Modell globaler Diskurskompetenz nach Quasthoff (2009)

5.2 Kognitive und sozial-kognitive Voraussetzungen zu Beginn des Erzählerwerbs

Der Beginn des Erzählerwerbs lässt sich in einer Entwicklungsphase verorten, in der das Kind erste längere Gesprächseinheiten produziert. In der Literatur findet sich hierzu am häufigsten die Altersangabe von drei Jahren. Sicherlich kann man erste Minimal- bzw. Vorformen des Erzählens auch bereits bei noch jüngeren Kindern – ab dem zweiten Lebensjahr – entdecken, wenn sie beispielsweise in der Beobachtung ihrer Umwelt interessante und für sie unerwartete Vorgänge wahrnehmen und verbalisieren. Beliebte Thematiken frühester Erzählungen sind z.B. das Umkippen, Herunterfallen oder Kaputtgehen eines Gegenstandes oder Verletzungen von Personen oder Tieren. Hierbei sind die vom Kind produzierten sprachlichen Einheiten jedoch naturgemäß noch wenig komplex und lassen sich kaum als detaillierte Ereignisdarstellungen werten.

Zu den kognitiven Voraussetzungen für das Erzählen zählt das Ausbilden **mentaler Repräsentationen** von Ereignissen und Erfahrungen. Im Falle von Erlebniserzählungen rufen wir subjektiv Erfahrenes aus der Erinnerung ab und organisieren es so, dass wir es mit anderen teilen können. Studien zu den Vorläuferfähigkeiten des Erzählens verknüpfen ihre Fragestellungen in diesem Zusammenhang eng mit der Repräsentationsentwicklung im Kleinkindalter. Bei jungen Kindern – noch vor ihrem dritten Geburtstag – spielt hierfür der Aufbau sog. **scripts** als Vorläuferstrukturen des Erzählens eine wichtige Rolle. Dies sind Repräsentationen von immer wiederkehrenden Ereignissen, sozialen Ritualen und stereotypen Abläufen (wie z.B. einem Restaurant- oder Arztbesuch). Denken wir hier nur an die Freude, mit der Kinder im Kaufmannsladen den Ablauf eines Einkaufs immer und immer wieder durchspielen und somit ihren Repräsentationen dieses Erfahrungsbereichs Ausdruck verleihen. In einem frühen Stadium geht es dabei noch „nicht vorrangig um eine erwartungsbrechende Ereignishaftigkeit, sondern um Bestätigung des Bekannten" (vgl. Dehn/Merklinger/Schüler 2014: 2). Interessant erscheint in diesem Zusammenhang, dass es zeitgleich, nämlich gegen Ende des dritten Lebensjahres zu Veränderungen in der Gedächtnistätigkeit von Kindern kommt, die ab diesem Zeitpunkt den Aufbau eines autobiografischen Gedächtnisses ermöglichen.

Ab dem Alter von vier Jahren lässt sich dann eine entscheidende qualitative Weiterentwicklung kindlicher Narrationen beobachten. Ein Grund hierfür liegt darin, dass sich ab diesem Alter Fähigkeiten ausbilden, die es erlauben, beim Erzählen zunehmend auch die Perspektive und Bedürfnisse des Zuhörers einschließlich seiner Verstehensmöglichkeiten zu berücksichtigen. Diese sozial-kognitive Voraussetzung des Erzählens fußt auf den sog. **Theory-of-mind-Fähigkeiten** (O'Neill 2005). Hierunter versteht man die Einsicht, dass andere Menschen eigene Überzeugungen, Absichten und Annahmen haben. Für das Erzählen sind Theory-of-mind-Fähigkeiten insofern grundlegend, als der Erzähler vor der Aufgabe steht, das Gesagte an die Wissensbestände des Zuhörers anzupassen.

5.3 Erwerbsprozesse im Vorschulalter

Wenngleich Drei- bis Vierjährige schon zunehmend längere und komplexere Äußerungen produzieren, sind die meisten ihrer Erzählungen noch bruchstückhaft und basieren weitgehend auf den oben beschriebenen sog. scripts. Durch das Fehlen besonderer Vorkommnisse haben ihre Narrationen daher eher Mitteilungscharakter, sodass es schwerfällt, sie eindeutig vom Berichten oder Beschreiben abzugrenzen. Des Weiteren sind erste rudimentäre Geschichten von Kindern dadurch gekennzeichnet, dass die Geschehnisse unverbunden oder allenfalls als lineare Abfolge präsentiert werden. Die Entwicklung ausgehend von solchen elementaren Handlungsbeschreibungen hin zu komplexen Ereignisdarstellungen vollzieht sich zwischen drei und sechs Jahren (vgl. Meng 1995). In dieser Zeit bildet sich auch die Fähigkeit aus, Erzählungen eine Episodenstruktur zu verleihen, d.h. nicht nur einen Ablauf wiederzugeben, sondern ein besonderes Ereignis als solches hervorzuheben. Zum Zeitpunkt der Einschulung können kindliche Erzählungen bereits sehr elaboriert und ausführlich ausfallen und schon die wesentlichen Strukturelemente einer idealtypischen Erzählung (Orientierung, Komplikation, Auflösung) enthalten. Dennoch sind die Kinder auch zu diesem Zeitpunkt teilweise noch deutlich auf Unterstützung seitens eines erwachsenen Zuhörers angewiesen, beispielsweise wenn es darum geht, die Erzählung mit evaluativen Mitteln auszustatten oder den Relevanzpunkt der Geschichte zu verdeutlichen (vgl. Grießhaber 2010).

Eine zentrale Erwerbsaufgabe des Vorschulalters liegt in der Ausdifferenzierung unterschiedlicher *Erzählformen*. Als einflussreich sind in diesem Zusammenhang sicherlich die **frühen Rezeptionserfahrungen** mit literarischen Texten (zur Bedeutung des Bilderbuchs vgl. Kümmerling-Meibauer/Meibauer 2015, das sprachdidaktische Potenzial von Kinderliteratur beleuchten z.B. Müller/Stark 2015). Was **frühe Erzählproduktionen** betrifft, ist die Wiedergabe von Selbsterlebtem ontogenetisch als früheste Erzählform anzutreffen. Erst später tritt der Aufbau fiktiver Welten hinzu. Dies verwundert, führt man sich vor Augen, dass Kinder im Rahmen von sozialen Rollenspielen bereits recht früh – mit vier Jahren – erfundene Szenarien in ihr Spiel mit Gleichaltrigen variationsreich einzubauen in der Lage sind. Im Alter von fünf Jahren kommt es innerhalb kindlicher Narrationen zu Vermischungen zwischen Fiktivem und Erlebten (vgl. Andresen 2011), was die Kinder teils auch selbst metakommunikativ durch Lachen oder entsprechende Wahrheitsbeteuerungen wie im folgenden Beispiel markieren.

(33)
```
01  Kind (5 Jahre): Ich war schon mal auf einem Schiff. Da war
    ich Kapitän und da bin ich auf eine große Riesenwelle ge-
    kommen... Und da hab ich dann bin ich plötzlich in ein See-
    ungeheuer reingesegelt. Und denn am anderen Ende wieder
05  rausgekommen und das Seeungeheuer hat uns gejagt. (...) Da
    war so ein Lärm und da sind wir ins Wasser gefallen und ha-
    ben uns in einem kleinen Boot gerettet. Und dann sind wir
    weggeschwommen ... Das hab ich alles erlebt.
```

Auffällig ist, dass sich die Erlebniserzählung bis ins Grundschulalter hinein als eine Erzählform zeigt, die ganz wesentlich von der interaktiven Einbettung beeinflusst ist, d.h. die Kinder nutzen in diesem Fall die dialogische Unterstützung eines erwachsenen Gesprächspartners in größerem Ausmaß als etwa bei der Fantasieerzählung, bei der sie von Beginn an eigenständiger agieren (vgl. Ohlhus/Quasthoff 2005). Hierbei handelt es sich um einen Befund, der im späteren Übergang zum schriftlichen Erzählen junger Schreiber nochmals von größerer Relevanz sein wird.

5.4 Erwerbsprozesse in der Primar- und Sekundarstufe

Im Laufe der Grundschuljahre erfahren Erzählungen von Kindern sowohl in quantitativer (Textlänge) als auch qualitativer Hinsicht (Strukturiertheit) eine deutliche Weiterentwicklung. Der vermehrte Einsatz **kohäsionserzeugender** und **textstrukturierender Mittel** in diesem Entwicklungszeitraum belegt eine parallel zum zunehmenden Alter ansteigende **Adressatenorientierung**. Die Anpassung an das Wissen des Gesprächspartners zeigt sich beispielsweise in nunmehr eindeutigeren Bezugnahmen auf handelnde Personen, Orte und zeitliche Beziehungen. Die Einführung der Aktanten, die Weiterführung mittels anaphorischer Pronomina sowie der Einsatz von Paraphrasen und Ellipsen werden immer souveräner beherrscht (vgl. Becker 2011). Auch ist ein flexibler Gebrauch in der Verwendung von Konnektoren zum Ausdruck kausaler, temporaler und adversativer Beziehungen erkennbar (vgl. Guckelsberger/Reich 2008).

Einen entscheidenden Schritt im Erwerbsprozess narrativer Kompetenzen innerhalb des Grundschulalters stellt der Übergang in schriftliche Erzählproduktionen dar. Früh erworbene mündliche Erzählfähigkeiten legen dabei nachweislich einen wichtigen Grundstein (Becker 2005), wobei festgestellt wurde, dass Schreibanfänger beim Verfassen schriftlicher Erzähltexte individuell ganz unterschiedlich auf mündlich bereits erworbene Fähigkeiten zurückgreifen (Quasthoff/Ohlhus/Stude 2009). Eine wichtige Rolle spielt dabei, auf welche Erzählform die Schreibaufgabe abzielt (vgl. Ohlhus/Quasthoff 2005). So gelingt es Grundschulkindern insbesondere bei der schriftlichen Fantasieerzählung im Vergleich zur Erlebniserzählung erstaunlich hohe Strukturierungsleistungen zu erzielen. Eine Ursache hierfür liegt sicherlich in der größeren „Schriftnähe" der Phantasieerzählung. Meist wird diese Erzählform in einem zumindest konzeptionell schriftlichen Rahmen erschlossen – z.B. beim gemeinsamen Vorlesen und Bilderbuchangucken (Gressnich/Müller/Stark 2015). Anders sieht es hingegen bei Erzählformen wie der Erlebniserzählung aus. Erlebnisse werden i.d.R. innerhalb von Gesprächen mit erwachsenen Interaktionspartnern erzählt. Der Erwachsene fungiert dann als Impuls- und Strukturgeber und unterstützt so die Erzählleistung des Kindes (Hausendorf/Quasthoff 1996, Becker 2011). Bei der Verschriftlichung fällt diese Unterstützung naturgemäß weg und die Kinder haben bei Erlebniserzählungen anfangs größere Schwierigkeiten als bei den Fantasiegeschichten, ihre Erzählung in eine schriftliche Form zu bringen.

Wie bereits erwähnt, ist der Erzählerwerb keineswegs mit Ende der Grundschulzeit abgeschlossen. Weiterentwicklungen finden sich auch noch zu späteren Zeitpunkten. Einfluss haben hierbei weitere Interaktions- und Rezeptionserfahrungen sowie unterrichtliche Unterweisung. Jugendliche können kohärente Erzählungen nahezu vollständig ohne Zuhörerunterstützung ausgestalten. Im Jugendalter baut sich immer mehr die Fähigkeit zur flexiblen und angemessenen kontextuellen Einbettung einer Erzählung aus. Das Gleiche gilt für schriftliche Erzählkompetenzen, die im Jugendalter auf eine Vielzahl unterschiedlicher Erzählformen im Sinne einer differenzierten Textsortenkenntnis ausgeweitet werden. Augst (2010) betont für den Erwerb schriftlicher Erzählkompetenzen vor allem die Aneignung jener sprachlichen Mittel, die eine emotionale Involvierung gewährleisten, und bezeichnet diesen Prozess als Erwerb eines individuellen **Erzähltons**. Wie genau dieser Erwerbsprozess vonstatten geht, welchen Einfluss in diesem Zusammenhang beispielsweise die Erfahrungen im Umgang mit literarischen Texten, aber auch mit unterschiedlichen medialen Adaptionen spielen, bedarf weiterer Forschung.

5.5 Mechanismen des Erwerbs

Wie wir gesehen haben, erstreckt sich die Aneignung von Erzählfähigkeiten über etliche Jahre. In dieser Zeit wird der Erzählerwerb – verstanden als Teil des kindlichen Spracherwerbs – auch von ganz unterschiedlichen Einflussfaktoren bestimmt. In diesem Abschnitt sollen daher abschließend jene Antriebskräfte in den Blick genommen werden, denen eine erwerbsunterstützende Bedeutung für den Erzählerwerb zugesprochen werden kann. Es geht also um die Frage, was genau dazu führt, dass sich ein Kind von einer Entwicklungsstufe in die nächste weiterentwickelt.

Die Frage nach den Mechanismen des Erzählerwerbs lässt sich einordnen in die noch viel größere Frage, wie Kinder generell Sprache erwerben (für einen Überblick s. z.B. Rothweiler 2015, Kauschke 2012). Hierzu haben sich seit Entstehung der modernen Spracherwerbsforschung im letzten Jahrhundert unterschiedliche, miteinander konkurrierende Positionen herauskristallisiert, auf die wir an dieser Stelle in aller Kürze eingehen möchten. Pointiert zusammengefasst unterscheiden sich die Positionen hinsichtlich des Gewichts, welches sie jeweils entweder den biologischen Anlagen oder den durch die Umwelt geprägten Lernerfahrungen zuweisen. Gegenwärtig scheint eine Sichtweise, die den Spracherwerb des Kindes als ein Resultat des Zusammenspiels zwischen Anlage und Umwelt betrachtet, am plausibelsten.

Im Rahmen der Erzählerwerbsforschung wurde zunächst vornehmlich der **kognitivistische Ansatz diskutiert**, etwa vertreten durch Jean Piaget, welcher auch als einer der ersten Spracherwerbsforscher dezidiert die Erzählentwicklung betrachtete. In dieser Sichtweise wird die Sprachentwicklung mit dem Fortschreiten der geistigen Entwicklung des Kindes erklärt und davon ausgegangen, dass das Denken dem Sprechen vorausgehe. Diese kognitionsorientierten Ansätze (z.B. Boueke et al. 1995) gehen vom Aufbau sog. **narrativer Schemata** als zentrale Entwicklungsaufgabe aus. So postulieren z.B. Boueke et al. (1995), dass Kinder narrative Schemata aufgrund von Unzulänglichkeitserfahrungen – etwa bedingt durch Rezeptionserfahrungen – weiterentwickeln. Der Erzählerwerb wird in dieser Sichtweise als vorrangig kognitiver Prozess aufgefasst. Die Weiterentwicklung narrativer Schemata machen die Autoren an einer stärker werdenden Integration der erforderlichen Strukturelemente fest. Hierzu unterscheiden sie vier empirisch nachweisbare Erzählstufen vom Vorschul- bis zum Ende des Grundschulalters:

1.) Stufe der isolierten Ereignisse
2.) Stufe der linearen Verknüpfung
3.) Stufe der handlungslogisch strukturierten Texte
4.) Stufe der narrativ markierten und strukturierten Texte

Ein Erklärungsansatz, der anerkennt, dass der Spracherwerb des Kindes am ehesten aus dem Zusammenspiel zwischen Anlage und Umwelt resultiert, findet sich im **interaktionistischen Ansatz**. Dieser stellt die ausgeprägte interaktive Orientierung des Menschen als soziales Wesen in den Vordergrund. So sind Säuglinge beispielsweise schon bei Geburt fähig die Stimme und Sprache der Mutter wiederzuerkennen und können von Beginn an in einen sozialen Austausch mit ihrer Umwelt treten. Andersherum bringen auch Erwachsene die Fähigkeit mit, ihr sprachliches Verhalten intuitiv so an das Entwicklungsniveau des Kindes anzupassen, dass dieses von früh an in spracherwerbsförderliche Kommunikationssituationen eingebunden sein kann.

Die interaktionistische Perspektive auf den Erzählerwerb betont die Gelingensbedingungen des gemeinsamen Erzählens als erwerbsbedeutsam. Annahme ist, dass die praktische Teilnahme an Gesprächen, wie wir sie zu Beginn des Kapitels (Beispiel 31 Brand des Landgasthofs) illustriert haben, einen effektiven Lernkontext zur Erweiterung kindlicher Diskurskompetenzen bereitstellt (Hausendorf/Quasthoff 2005). Der Vollzug des Erzählprozesses selbst wird in dieser Sichtweise zur Antriebskraft des Erzählerwerbs. Entscheidend ist dabei, dass das Kind in der gemeinsamen **Ko-Konstruktion** der Erzählung mit dem Erwachsenen kommunikative Erfolgserfahrungen sammeln kann, die ihm ein *learning by doing* (Ohlhus/Stude 2009: 475) ermöglichen.

Aus beiden Ansätzen – dem interaktions- und dem kognitionsorientierten – lässt sich zusammenführend festhalten, dass Interaktions- und die Rezeptionserfahrungen sowie damit einhergehende kognitive Weiterentwicklungen zentrale Einflussfaktoren für den Erzählerwerb darstellen. Wesentliche Bedeutung kommt dabei den sozialisatorischen Einflüssen der Familie zu (vgl. Quasthoff/Kern 2007, Müller 2012, Wieler 1997). Ab der Einschulung sind dann auch unterrichtliche Einflüsse für den Erzählerwerb anzunehmen (vgl. Ohlhus/Stude 2009).

5.6 Zusammenfassung

Dieses Kapitel beschäftigte sich mit der Aneignung von Erzählkompetenzen. Es wurde skizziert, dass Kinder auf dem Weg zu einem kompetenten Erzähler insbesondere die Teilfähigkeiten *Vertextung*, *Kontextualisierung* und *Markierung* aufbauen. Diese stehen in einem engen Zusammenhang mit kognitiven und sozial-kognitiven Vorläuferfähigkeiten. Der Erzählerwerb beginnt bereits im frühen Kindesalter und hält bis ins Jugendalter an. Zu den wichtigsten Erwerbsaufgaben zählen u.a. die Ausdifferenzierung unterschiedlicher Erzählformen im Mündlichen und Schriftlichen, der Einsatz textstrukturierender Mittel und die emotionale Involvierung. Verantwortlich für den Erzählerwerb scheinen vor allem Interaktions- und Rezeptionserfahrungen mit narrativen Strukturen zu sein. Eine wesentliche Bedeutung kommt dabei Prozessen der Ko-Konstruktion zu. Ebenso ist auch ein nicht zu unterschätzender Alterseffekt anzunehmen. Zu sehen ist dies beispielsweise an der erst mit höherem Alter zunehmenden Adressatenorientierung und der damit einhergehenden vergleichsweise späten Beherrschung kohäsiver Mittel.

Aufgabe 1: Schätzen Sie anhand der folgenden Erzählleistung das ungefähre Alter des Kindes. Erläutern Sie, woran Sie Ihre diesbezüglichen Annahmen festmachen.

(34) Schaukeln
```
01   K:   Ähm EInma:l da bin ich schAUkeln gegangen, und dann
          also da war keine matratze, und dann hab ich mich so:
          hingestellt und dann auf die kommode, und dann bin ich
          an die ringe, des warn so ringe, da kann man dran
05        turnen,und dann ham die so geschaukelt, und dann hab
          ich mich - da war ich dann so, dass mein kopf nach
          unten geschaut hat, und dann bin ich hIngefallen,
          aufn kOpf und dann hab ich geweint und dann hat mir
          die Linn ein kÜhli geholt, und also linn ist meine
10        frEUndin, und dann hab ich mich ins bEtt gelegt.
     E:   Und dann gings dir wieder besser?
     K:   ja.
```

Aufgabe 2: Welche Rückschlüsse auf das Vorhandensein der narrativen Teilfähigkeiten *Vertextung, Kontextualisierung* und *Markierung* lassen sich aufseiten des Kindes aus folgendem Ausschnitt ziehen?

(35) Kleiner Dinosaurier
```
01   Da war mal n=kleiner DinoSAUrier, und der war ganz alLEIne,
     und da hat er gedacht, da wär=n ANderer dinosaurier, und da
     isser mal durch (-) n=WALD gedappt, und hat er gesagt, OH,
     bin ich der EINzigste? und dann war er ganz TRAUrig - und
05   eines tages isser SCHWIMmen gegangen, und da kam ein
     anderer Dinosaurier, und dann ham die geSPIELT, und dann
     wurden se RICHtig gu:te freu:nde; aber dann war=n=se
     zuzweit, und das war immer noch ein bißchen la:ngweilig,
     und dann ham=se geDACHT, da wären bestimmt irgendwo noch
10   ANdere dinosaurier, und dann sind se auf WANderschaft
     gegangen, und ham Überall das ga:nze land durchSUCHT; und
     dann ham se DOCH no:ch n=andern dinosau:rier gefunden, und
     der war AUCH ganz alleine, und dann sind se gu:te FREUNde
     geworden.
```

Grundbegriffe: Erzählkompetenz, interindividuelle Unterschiede, intraindividuelle Unterschiede, Vertextung, Kontextualisierung, Markierung, kognitive und sozial-kognitive Voraussetzungen, Scripts, Ko-Konstruktion, Adressatenorientierung, narrative Schemata

Weiterführende Literatur: Andresen (2011); Becker (2011); Dehn et al. (2014); Guckelsberger/Reich (2008); Klann-Delius (2005); Quasthoff (2009); Quasthoff/Ohlhus/Stude (2009).

6. Didaktik des Erzählens

Da wir es für sehr gewinnbringend halten, Forschungsfragen mit Fragen der praktischen Anwendung zu verbinden, möchten wir das letzte Kapitel dieses Buches didaktischen Überlegungen widmen. Didaktische Konzeptionen sollten immer auf Überlegungen darüber fußen, an welche Fähigkeiten angeknüpft werden kann und welche Lernziele zu formulieren sind. Aus diesem Grund sind den didaktisch-methodischen Fragen zunächst Ausführungen zur Diagnose von Erzählfähigkeiten vorangestellt. Dem Fokus dieses Buches entsprechend steht natürlich das mündliche Erzählen im Vordergrund. Das schriftliche Erzählen, als zentrale sprachliche Aktivität der Schulpraxis, soll jedoch auch Erwähnung finden. Unterrichtsmethodisch sind diese beiden Medialitäten oft nur schwer trennbar; auch liegt gerade in der Frage der gegenseitigen Beziehung didaktisch und entwicklungspsychologisch eine große Herausforderung. In diesem Band beschränken wir uns auf die Förderung von Erzählfähigkeiten im Rahmen des unauffälligen Spracherwerbs. Zum Erwerb von Erzählfähigkeiten im Zusammenhang mit Sprachentwicklungsstörungen verweisen wir auf Katz-Bernstein/Schröder (2012), Becker/Licandro (2014).

6.1 Diagnose

Im Zusammenhang der Förderung sprachlicher Kompetenzen stellt die Forderung „Kinder da abholen, wo sie stehen" schon fast einen Allgemeinplatz dar. Nur selten folgt daraufhin eine präzise Bestimmung, wo genau die Kinder tatsächlich stehen, welche Fähigkeiten sie also im Einzelnen mitbringen, um darauf aufbauend passgenaue Fördermaßnahmen zu entwickeln. Möchte man die Forderung fundiert einlösen, so setzt dies gut ausgebildete Diagnosekompetenzen einschließlich der Kenntnis geeigneter Verfahren zur differenzierten Einschätzung des Sprachstands voraus. Eine vorgeschaltete, solide Diagnose ist also unabdingbar für eine entwicklungssensitive Förderung. Diese sollte auf die jeweilige **Zone der nächsten Entwicklung** des Kindes ausgerichtet sein. Damit ist gemeint, dass es sich bewährt hat, bei der Förderung ein Sprachniveau anzuzielen, welches etwas *über* dem jeweils aktuellen Sprachstand des Kindes liegt, um so dem Kind in die nächste Entwicklungsstufe zu verhelfen. Da Erzieher/innen und Lehrer/innen vermehrt auf eine Vielfalt von Erwerbsvoraussetzungen und sprachliche Fähigkeiten bei Kindern und damit verbunden auf ganz unterschiedliche Sprachförderbedarfe treffen, wird Diagnosekompetenz zu einem immer wichtigeren Bestandteil der Professionalisierung von pädagogischen Fachkräften.

Sprachstandsverfahren sollten den Anforderungen bestimmter **Testgütekriterien** genügen, was bei weitem nicht alle existierenden Verfahren einzulösen imstande sind. Hierunter fällt die Gewährleistung der

- *Objektivität* (kommen unterschiedliche Personen, die das Verfahren anwenden, auch zum selben Ergebnis?),
- *Reliabilität* (misst das Verfahren zuverlässig?),
- *Validität* (misst das Verfahren das, was es zu messen vorgibt?).

Wenngleich in allen Bundesländern mittlerweile umfangreiche Bemühungen zur Entwicklung geeigneter Sprachstandsverfahren für Deutsch als Erstsprache (und in den letzten Jahren verstärkt auch für Deutsch als Zweitsprache) vor allem für den Elementar- und Primarbereich, deutlich geringer für die Sekundarstufe, angestellt wurden, bleibt das Feld der diagnostischen Einschätzung von diskursiven Kompetenzen allgemein und darunter von Erzählfähigkeiten im Speziellen bislang zu wenig bearbeitet. Eine besondere methodische Herausforderung ergibt sich sicherlich dadurch, dass Erzählen in Interaktionen stattfindet. Hieraus eine Leistung zu diagnostizieren, die *einem* Gesprächsbeteiligtem zuzuordnen ist, ist freilich schwer. Ein weiterer Grund für die geringe Beschäftigung mit der Erfassung von Erzählkompetenzen mag darin liegen, dass sich die Sprachwissenschaft, welche als Bezugswissenschaft für die Entwicklung von Sprachstandsverfahren fungiert, traditionellerweise auf sprachstrukturelle Kompetenzen auf Laut-, Wort- und Satzebene konzentriert hat. So ist auch zu erklären, dass in etlichen Sprachstandsverfahren das Erzählen lediglich als Elizitierungsmethode Berücksichtigung findet. Es wird also ausgenutzt, dass beim Erzählen größere Mengen an kindlichen Sprachproduktionen entstehen, welche im Anschluss aber meist nach anderen, beispielsweise ausschließlich nach grammatischen Gesichtspunkten, nicht aber bezogen auf Erzählkompetenz ausgewertet werden.

Ein standardisiertes Beobachtungsinstrument zur Erfassung der Interaktions- und Narrationsentwicklung von Kindern im Alter von vier bis sieben Jahren stellt das Verfahren **DO-BINE** (Quasthoff et al. 2011) dar. Es ermittelt Entwicklungsprofile und Förderziele. Zunächst werden in einem Stuhlkreis, an dem mehrere Kinder teilnehmen, zwei erzählenswerte Vorfälle inszeniert. Danach erzählt das Kind einer instruierten Fachkraft darüber. Entscheidend ist, dass ein tatsächliches Ereignis, an welchem das Kind unmittelbar zuvor teilgenommen hat, erzählt und damit die Erlebniserzählung als Erzählform evoziert wird. Dies bedeutet, dass die Vorlage weder sprachlich noch visuell (vor-)strukturiert wird, wie es dagegen z.B. bei Nach- und Bildererzählungen der Fall ist. Die Interaktion wird dokumentiert und standardisiert ausgewertet. Dabei werden die drei in Kap. 5 vorgestellten Aufgabenfelder narrativer Kompetenz nach Quasthoff (2006) berücksichtigt.

- *Vertextung (globalsemantische Dimension):* Ausgewertet wird, ob das Kind relevante Inhalte des erlebten Vorfalls wiedergibt und sie in einen sinnvollen – sowohl temporalen als auch kausalen – Zusammenhang stellt.
- *Kontextualisierung (globalstrukturelle Dimension):* Ebenso fließt in die Einschätzung ein, wie selbstständig das Kind bei der Durchführung der Diskurseinheit ist. Benötigt es beispielsweise beim Einstieg interaktive Unterstützung oder beginnt es ohne Hilfestellung zu erzählen? Kann es seine Geschichte selbstständig abschließen?
- *Markierung (globalformale Dimension):* Und schließlich berücksichtigt die Auswertung, inwieweit es dem Kind bereits gelingt, wichtige Inhaltselemente der Erzählung (Setting, Planbruch und Abschluss) sprachlich zu markieren.

Das Verfahren kann gut in die Alltagsgegebenheiten in vorschulischen und schulischen Bildungseinrichtungen eingepasst werden. Hervorzuheben ist ferner seine interaktive Ausrichtung, d. h. es bezieht systematisch nicht nur die Rolle des Erzählers, sondern auch die des Zuhörers ein.

Aufgabe 1: Überlegen Sie, warum es für ein diagnostisches Verfahren zur Einschätzung von Erzählkompetenzen wichtig sein kann, auch das Zuhörerverhalten zu berücksichtigen.

6.2 Didaktik des mündlichen Erzählens

Zunächst möchten wir die Didaktik des mündlichen Erzählens behandeln, da sie curricular dem schriftlichen Erzählen vorausgeht. Beidem voranstellen werden wir einen kurzen Blick in die Curricula der verschiedenen Bundesländer, um einen Eindruck zu erhalten, wie, wann und in welchem Umfang das Erzählen im Unterricht thematisiert werden sollte.

Erst einmal kann konstatiert werden, dass allen Curricula gemein ist, dass dem Erzählen eine dominante Stellung zukommt. Weitere Gemeinsamkeiten der Curricula sind,

- dass das mündliche Erzählen vornehmlich in der Primarstufe verankert ist und im Sekundarbereich auf Klasse 5 und 6 beschränkt wird (Ausnahme Hessen),
- dass kein Lehrplan ein Konzept oder einen Begriff dessen vorgibt, was unter Erzählen zu verstehen sei,
- dass es meist in Verbindung mit anderen kommunikativen Handlungen genannt wird, wie Berichten, Beschreiben, Argumentieren, ohne aber von diesen abgegrenzt zu werden.

Deutliche Unterschiede bestehen jedoch darin,

- zu welchem Lernbereich es zugeordnet wird: Sprechen, Schreiben oder Umgang mit Texten und Medien. Zuweilen wird es auch als eigener Lernbereich bestimmt,
- in welcher Verbindung mündliches und schriftliches Erzählen stehen,
- ob das Lernziel Erzählen mit wertenden Adjektiven verbunden wird und wenn ja, mit welchen: „geordnet, anschaulich und lebendig" (Niedersachsen, Kl. 6); „lebendig, anschaulich und abwechslungsreich" (Sachsen-Anhalt Kl. 5/6); „zusammenhängend und verständlich" (Brandenburg, Berlin, Bremen, Mecklenburg-Vorpommern, Kl. 4; Sekundarbereich jedoch ohne); „mit stimmlichen Mitteln und Gestik gestaltet, sinnvoll aufgebaut und strukturiert" (Hamburg, Kl. 4); „weitgehend kohärent" (Hamburg, Kl. 6).
- ob und in welcher Weise didaktische Hinweise gegeben werden.

Der bayrische Lehrplan beispielsweise sieht für die Jahrgangsstufe 3 als Kompetenzziel vor, „interessant und spannend [zu] erzählen". Dazu sollen feste Erzählzeiten geschaffen werden, welche folgendermaßen ausgestaltet werden sollen: „von Neuigkeiten und Ereignissen berichten; über gemeinsam Erlebtes Erfahrungen austauschen, dabei lebendig und fantasiereich gestalten" (S. 172). Dies impliziert, dass zwischen Berichten und Erzählen keine konzeptionelle Unterscheidung getroffen wird. Etwas konkreter sind die Vorgaben für das schriftliche Erzählen, wo es dann bei Jahrgangsstufe 4 heißt: „abwechslungsreich und interessant erzählen; Satzanfänge wechseln, wörtliche Rede verwenden, treffende Ausdrücke finden,

Stimmungen ausdrücken" (S. 248). Dies wiederum umfasst die Implikation, dass wörtliche Rede und „treffende" Ausdrücke eine Erzählung interessant machen.

Bereits im Elementarbereich ist die Erzähldidaktik ein wichtiges Element der sprachlichen und literarischen Frühbildung. Aber vor allem in der Primarstufe stellt sie einen der wichtigsten Aspekte dar. Und selbst in der Sekundarstufe kommt ihr noch ein hoher Stellenwert zu. Diesem sehr zentralen und prominenten Platz, welchen das Erzählen in den Curricula einnimmt, steht jedoch die Tatsache gegenüber, dass das Erzählen innerhalb der Deutschdidaktik noch eher stiefmütterlich behandelt wurde. Zwar mangelt es nicht so sehr an Erkenntnissen über die Mechanismen und die Bedingungen, unter denen der Erzählerwerb abläuft, wie wir ja auch in Kapitel 5 ausgeführt haben. Auch gibt es einiges an Konzepten und methodischen Vorschlägen, wie das Erzählen gefördert werden könnte. Die Übertragung und Umsetzung in den Institutionen ist es, die noch sehr zögerlich verläuft. Dies hängt wohl mit einigen Faktoren zusammen, die die erzähldidaktische Praxis prägen. Die zwei prominentesten seien hier eingehender diskutiert:

1. **Mangelndes Erzählkonzept**

Der schulischen Erzählförderung liegt in der Regel kein Konzept oder keine einheitliche Definition dessen zugrunde, was unter Erzählen eigentlich zu verstehen sei. Auch in den Kerncurricula findet sich hierzu wenig Aufschlussreiches, wie bereits weiter oben erwähnt. Während in einigen Curricula das Erzählen offenbar sehr weit gefasst wird, da es in Zusammenhang mit Berichten, Diskutieren und Argumentieren erwähnt wird, scheint in anderen ein sehr enger, am „idealtypischen" Erzählen (vgl. Kap. 2.2) orientierter Begriff vorzuliegen, was auch die mangelnde Differenzierung zwischen Mündlichem und Schriftlichem nahelegt. Implizit stellt wohl dieses monologische, am Literarischen und Schriftlichen orientierte Erzählen den Maßstab für die schulische Praxis dar. Dies ist insofern nachvollziehbar, als die Alltagserzählung ja ein sehr vielfältiges und schwer greifbares sprachliches Phänomen ist. Hier ein Lernziel zu definieren, ist eben auch eine große Herausforderung. Allerdings scheint ein Lernziel für das mündliche Erzählen, welches eigentlich auf das schriftliche gerichtet ist, wenig passend. Diese implizite Orientierung am schriftlichen Ideal wird auch deutlich, wenn die Lehrpersonen Vorgaben machen, wie etwa: *Sprich in ganzen Sätzen!*, *Wir erzählen immer im Präteritum*. Wie unpassend derartige Hinweise für Mündliches sind, konnten wir in Kapitel 3.1

und 3.3 zeigen, und welche Schwierigkeiten diese implizite Orientierung am Schriftlichen und Literalen mit sich bringt, veranschaulicht das Beispiel weiter unten, welches eine typische unterrichtliche Erzählsituation zeigt.

Problematisch ist aber eben nicht nur, dass dies als Lernziel nicht adäquat ist, sondern vor allem auch, dass es meist nicht explizit definiert und damit bewusst und transparent gemacht wird. Dass aber eine Erzähldidaktik wenig fruchtet, die kein klar umrissenes Lernziel vorweisen kann, ist nur verständlich. Auch die Versuche in einigen Curricula, sich gleichermaßen am Mündlichen zu orientieren und Vorgaben zu machen, das Erzählen solle „spannend, interessant oder anschaulich" sein, sind durch ihren subjektiven Charakter wenig hilfreich.

2. **Methodische Traditionen**
Ein weiterer Faktor, der sich hemmend auf die Umsetzung von aktuellen didaktischen Konzepten auswirkt, ist das Festhalten an methodischen Traditionen. Die wohl am weitesten verbreitete Tradition ist der **Erzählkreis** oder auch Morgenkreis, welcher in manchen Curricula explizit genannt wird. In Kindergarten und Grundschule wird Erzählen üblicherweise praktiziert, indem die Kinder zu Beginn des Tages oder der Woche im Stuhl- oder Sitzkreis zusammenkommen und dann reihum erzählen. Erzählanlass ist üblicherweise: „Was habt ihr am Wochenende/in den Ferien gemacht?" So auch in dem folgenden Ausschnitt einer Unterrichtsstunde.

(36) Beispieltranskript Erzählen im Unterricht
```
01 L:    so HALT; bevor der robert (.) beGINNT, der is nämlich
         das geBURTStagskind, wollen wir uns nochmal an die
         geSPRÄCHSregeln erinnern.
   Ro:   einer SPRICHT und die anderen hören zu.
05 L:    RICHtig;
   X:    einer SPRICHT und die anderen klappe halten;
   L:    also WIR (.) äh w:`und wir lassen auch (immer) alle
         kinder AUSreden, U:=ND (.) ne GANZ NEUe regel, WIR
         (.) GUCKen die Anderen kinder AN. die die SPREChen
10       gucken wir an. das heißt ein DAS kind (-) das (.)
         hier diesen TALking stick in der hand hat, =und
         spricht, !DAS! GUCKen wir in DER zeit an.
   L:    SO. katrin du bis dran.
   Ka:   ähm (--) ich war (sonnmittag) draußen, UND (-) war
15       bei meine FREUNdin, U::ND (-) DA=HA:N- ((Unruhe))
   L:    psch::t WARte n moment katrin;
   Ka:   und dAnn war ich GEStern (.) auffe ki KI::Rmes, und
         (.) DA=ANN (-) erst als wir noch ZuHAUse warn, ganz
```

```
              doll geRE::Gnet geFISselt geDONnert,
       20 L:  DENKT ihr bitte an die geSPRÄCHSregeln marc vorne.
              jetzt ist die KATrin dran.
          Ka: und dann war so:: (-) ei::n ge karusSE::L, und da und
              das ging immer !GANZ! GANZ ho:ch;inne LUFT.
           L: hm=hm,
       25 Ka: ne? und (-) wo meine SCHWERter drauf war;=ne? das war
              SCHNELL genug das war (.) ab VIER(zig) (   ).
              ((Unruhe))
           X: ab VIERzig,
          Ka: nich JAHren.=ne, man muss ja !WIE!gen.
       30 Ak: vierzig !KI!lo meint die. ((Unru[he))
           L:                                   [danke katri::n,
           L: SO::. (HALT) ich muss jetzt euch trotzdem nochmal an
              die geSPRÄCHSregeln erinnern. entSCHULdige katrin,
              einer SPRICHT und die anderen SO: geNAU. ich möchte
       35     nicht dass ihr euch jetzt alLEIne ihr zu dritt unter
              haltet,=sondern ich möchte dass ihr jetzt (-)
              !DIE!jenige odern DENjenigen !AN!guckt. !GANZ! leise
              der jetzt SPRICHT. (-) ja? hast du das verSTANden
              marc du AUCH jens? SO. die KATrin is !NOCH! nich fEr-
       40     tig die lässt=du jetzt ma bitte z` eben zu Ende er-
              zählen. Katrin.
          Ka: ÄHM (-) und DA=ANN;=ne?
```

(Daten gekürzt und vereinfacht aus dem Projekt Morek 2013)

Der Transkriptausschnitt illustriert zunächst einmal, dass Gesprächsregeln, welche im Alltag implizit herrschen und in sozial dynamischen Interaktionen ausgehandelt werden, in der Institution Schule oft in Form von Handlungsgeboten explizit definiert werden. Die im Beispiel gegebenen Anweisungen sind typisch: 1. *Einer spricht und die anderen hören zu.* 2. *Wir lassen den anderen ausreden.* Während aber in Alltagserzählungen diese „Regeln" obwohl unausgesprochen dennoch „funktionieren", müssen sie wiederholt von der Lehrerin eingefordert werden. Dies ist aber nicht einfach ein pädagogisch-disziplinarisches Problem. Denn anders als in der Alltagssituation erfolgt hier die Sprecherwahl durch die Lehrerin; sie bestimmt, wer an der Reihe ist zu erzählen. Üblicherweise spielen eher formale Kriterien einc Rolle (bestimmte Kinder, die „an der Reihe" sind, oder wie im Beispiel ein an den Geburtstag gebundenes Rederecht), ob überhaupt ein erzählwürdiges Ereignis vorzutragen ist, spielt dagegen meist nur eine untergeordnete Rolle. Fienemann/von Kügelgen (2003) beschreiben den Erzählkreis daher kritisch als „Zwangskommunikation".

In Alltagserzählungen muss sich der Erzähler üblicherweise zunächst selbst das Rederecht sichern, indem er z.B. mittels Abstract (vgl. Kap. 3) eine kurze Einstimmung oder Zusammenfassung des zu Erwartenden gibt. Erst wenn die Hörer signalisieren, dass sie ihm auch das Feld überlassen, also seine Erzählung als relevant werten, wird er mit der eigentlichen Erzählung beginnen. In Kap. 3 hatten wir diese Relevantsetzung als wichtiges Element des konversationellen Erzählens definiert. Im institutionellen Kontext aber wird nicht symmetrisch zwischen allen Beteiligten ausgehandelt, wer was wann sagt, sondern von der Lehrperson bestimmt: ein Umstand, der sich natürlich auf die Gesprächsdynamik auswirkt.

Betrachtet man sich den Erzählbeitrag von Katrin nun genauer, wird deutlich, dass es sich weniger um eine Erzählung, sondern eher um einen Bericht handelt, welcher obendrein nur vage chronologisch ist. Ein Relevanzpunkt und überhaupt eine narrative Struktur werden nicht erkennbar. Sie hat damit zwar scheinbar die Vorgabe der Lehrerin erfüllt, „vom Wochenende zu erzählen". Da ihre Erzählung aber kaum über Interessantes informiert noch die Zuhörer in besonderem Maße unterhält, erfüllt sie keine der Funktionen, die Erzählungen üblicherweise im Alltagsgespräch übernehmen (vgl. Kap. 4.3). Ob sie die Funktion erfüllt, die sie im Kontext Schule hauptsächlich innehaben sollte, nämlich eine Lernfunktion, bleibt ebenfalls dahingestellt. Durch die Anweisung an die Mitschüler, nur zuzuhören, wird nun die im Alltag übliche Gesprächsdynamik blockiert, nach der die Erzählung von den Hörern mitgestaltet und gesteuert werden kann, z.B. das Einfordern eines Relevanzpunktes, einer Auflösung oder klärender Informationen. Die Stellen, an denen in der Klasse Unruhe entsteht, sind daher nicht zufällig. Denn auch die zweite Regel „wir lassen uns ausreden" erweist sich als problematisch, da in einem derartig organisierten Unterrichtsgespräch nicht ohne Weiteres bestimmt werden kann, wann der Beitrag beendet ist. Im hier nicht mehr abgedruckten Teil des Transkriptes fallen Katrin noch einige weitere Dinge ein, und auch leicht entnervte Nachfragen der Mitschüler *fertig?* können sie nicht bremsen. Wie weitere Untersuchungen typischer Erzählkreise im Unterricht zeigen, ist aber auch in Fällen, in denen die Schüler/innen angemessene Angebote für Relevanzpunktsetzungen machen, nicht gewährleistet, dass die Lehrperson diese auch aufnimmt. Anhand von Transkripten authentischer Erzählkreise zeigt Becker-Mrotzek (2011) beispielsweise, dass die Erwartungen von Lehrpersonen eher auf das Behandeln lehrreicher Erlebnisse abzielen. In der Folge werden vor allem solche Erzählungen honoriert, die einen Beitrag zur Wissensvermittlung leisten.

Im hier vorliegenden Transkript wird schließlich ein weiteres Gebot aufgestellt, nämlich stets Blickkontakt zu halten. In Alltagsgesprächen kann der Blickkontakt tatsächlich wichtige gesprächsorganisierende Funktionen erfüllen. So wird gewöhnlich der Sprecher von den Hörern fixiert. Auf diese Weise können die Beteiligten nicht nur mimische und gestische Signale zum Verstehen nutzen, sondern auch ihre Anteilnahme am Gesagten signalisieren, während umgekehrt der Sprecher den oder die Hörer nicht unbedingt fixieren muss, es aber z.B. tut, wenn über die Mimik etwas vermittelt werden soll oder er den Turn abgeben möchte. Zweifelhaft ist allerdings, ob normative Vorgaben die Gesprächsdynamik konstruktiv beeinflussen.

Eine andere methodische Tradition dürfte die **Bildergeschichte** darstellen, die zwar vor allem für die Vermittlung des schriftlichen Erzählens gängig ist, aber auch für mündliches genutzt wird. Hierbei wird den Kindern eine Bildfolge vorgelegt, die sie dann als Geschichte erzählen sollen. Dies stellt aber eine meist völlig unterschätzte Herausforderung für Kinder dar, sowohl in kognitiv-sprachlicher Hinsicht, wie die Erzählerwerbsforschung mittlerweile aufdecken konnte (Becker 2011), als auch auf der Ebene der hierfür notwendigen Bildverstehensleistungen, die im Sinne eines Erfassens visueller Codes eigens gelernt werden müssen (Kümmerling-Meibauer 2012). Das Erzählbeispiel Nr. 8 (S. 26) sei hier noch einmal erwähnt, um zu verdeutlichen, wie vor allem jüngere Kinder diese Aufgabe bewältigen. Die Bilder müssten eigentlich im Geiste zu einer narrativen Struktur zusammengefügt werden und dann versprachlicht werden. Implizit verstehen und lösen die Kinder diese Aufgabe aber meist als eine Bildbeschreibung. Dies lässt sich daran erkennen, dass z.B. Details auf den Bildern erwähnt werden, die für die narrative Struktur irrelevant sind oder aber dass im Präsens erzählt wird, also Bezug zum Wahrnehmungs- und nicht zum Vorstellungsraum genommen wird. Dass sich jüngere Kinder außerdem an den sprachlichen Formaten typischer Bilderbuchinteraktionen orientieren, zeigt sich an folgendem Ausschnitt aus der Bildererzählung eines fünfjährigen Jungen:

(37) und und da tommt der Mann, der will den rausholen
      und was machen se da? Da is des danze Holz taputtdedan-
      gen und was machen se da? ... da isses trauris ..

Bildergeschichten wurden daher von Fachdidaktikern wiederholt kritisiert und als eher ungeeignet zur Förderung narrativer Strukturen im engeren Sinne oder allgemein narrationstypischer Aspekte bewertet (Bredel 2001).

Insgesamt lässt sich das Dilemma, in welchem sich die gegenwärtige Erzähldidaktik nur allzu oft befindet, wie folgt zusammenfassen: Es besteht lediglich ein eher implizites Erzählkonzept, welches am idealtypischen Erzählen orientiert ist. Methodisch umgesetzt wird die Vermittlung von Erzählfähigkeiten dagegen in unterrichtlichen Gesprächssettings mittels der Erlebniserzählung, und damit einem Rahmen, der eher das unspezifische Alltagserzählen induziert. Würde z.B. die Erkenntnis aus der Erwerbsforschung umgesetzt, nach der die Unterstützung des Interaktionspartners gerade bei Alltagserzählungen einen wichtigen Erwerbsmechanismus darstellt, so sollte ein Erzählkreis eher als **Gesprächskreis** gestaltet werden, in dem Nachfragen, Aufforderungen und Ergänzungs- und Erklärsequenzen fester Bestandteil sind. Bildergeschichten wiederum würden aufgrund der hohen Anforderungen, welche sie an die kognitiven Fähigkeiten der Kinder stellen, eine deutlich nachrangige Funktion im Erzählunterricht einnehmen. Weiterhin steht die Erkenntnis der Erzählerwerbsforschung, dass sich mündliche Erzählfähigkeiten auch noch jenseits von Klasse 7 weiterentwickeln und ausdifferenzieren (Dannerer 2012), nicht in Einklang mit den curricularen Vorgaben, nach denen mündliches Erzählen in diesen Klassenstufen keine Rolle mehr spielt.

An den Erwerbsmechanismus, nach dem sich Erzählen innerhalb von Alltagsinteraktion entwickelt, knüpft das Konzept des **Peer-Tutoring** an (Drick 2015, Licandro 2016). Hierunter werden kooperative Lernformen gefasst, bei denen gerade nicht ein Erwachsener, sondern Gleichaltrige Lernpartner sind. Das Konzept basiert auf Befunden, die belegen, dass Kinder innerhalb gemeinsamer Spiel- und Gesprächssequenzen aus dem spontanen Sprachgebrauch ihrer Peers hinsichtlich ihres eigenes Spracherwerbs profitieren können (Licandro/Lüdtke 2013, Stude 2013a). Bei Drick (2015) z.B. wird das Rollenspiel „Arztbesuch" inszeniert, bei dem Kinder im Vorschulalter miteinander interagieren. Die Krankengeschichte der „Patienten" (dies können Stofftiere oder Puppen sein) gibt Anlass zum Erzählen, und zwar auf eine relativ strukturierte und iterative Weise, die es ermöglicht, wiederkehrende Muster und Phrasen zu etablieren und dann zu nutzen.

6.3 Didaktik des schriftlichen Erzählens

Bereits im Primarstufenbereich erfährt die Vermittlung mündlicher Erzählfähigkeiten in der Regel einen Bezug zum Texte schreiben. Auch wenn diese Einführung sich schwerpunktmäßig mit dem mündlichen Erzählen beschäftigt, möchten wir unter Berücksichtigung aktueller Befunde der Schreibforschung daher abschließend einige Überlegungen zur Didaktik des schriftlichen Erzählens anstellen.

Wie die vorangegangenen Kapitel gezeigt haben, ist das mündliche Erzählen als Gemeinschaftsleistung von Zuhörer und Erzähler zu verstehen. Aus Erwerbsperspektive erweisen sich gerade die in der face-to-face-Situation möglichen unmittelbaren Nachfragen des Zuhörers als wichtiger Unterstützungsmechanismus. Das schriftlich erzählende Kind hingegen „unterwirft" sich den besonderen medialen und konzeptionellen Bedingungen der Schriftlichkeit (Augst 2010). So ist die für das mündliche Erzählen typische Kopräsenz von Produzent und Rezipient beim schriftlichen Erzählen bekanntermaßen nicht gegeben. Entsprechend müssen Schreibstrategien aufgebaut werden, die den Wegfall interaktiver Unterstützung zu kompensieren in der Lage sind. Das Kind muss seinen Text dabei eigenverantwortlich strukturieren und antizipieren, welche Informationen ein späterer Leser zum Verständnis des Textes benötigt. Es ist daher auch gut nachvollziehbar, dass Schreibanfänger, was die Textstrukturierung betrifft, zunächst hinter das Niveau zurückfallen, welches sie im Mündlichen bereits erreicht hatten. Es bedarf einiger Zeit, bis Kinder in ihren schriftlichen Erzähltexten Ereignisse nicht nur isoliert oder lediglich temporal aneinanderhängen, sondern die Erzählstruktur auf die Bedürfnisse des Lesers hin ausrichten und Überraschendes, Unerwartetes, Spannendes etc. einbauen.

Obwohl die Schreibentwicklungsforschung den Zusammenhang zwischen mündlichen und schriftlichen Textproduktionsfähigkeiten noch nicht wirklich gründlich durchleuchtet hat, baut die Unterrichtspraxis meist auf der Prämisse auf, schriftlichen Fähigkeiten gingen entsprechende mündliche Fähigkeiten voran. Forschungsprojekte der letzten Jahre haben versucht, diese Zusammenhänge näher in den Blick zu nehmen. So untersucht z.B. das DFG-Projekt OLDER, inwiefern Grundschulkinder beim Schreiben unterschiedlicher Erzähltexte auf ihre im Mündlichen bereits erworbenen Erzählfähigkeiten als interne Ressource zurückgreifen (Quasthoff/Ohlhus/Stude 2009). Dabei zeigte sich, dass das Verfassen schriftlicher Erzählungen je nach Genre mit unterschiedlichen Anforderungen verbunden ist. So handelt es sich bei der schriftlichen Erlebniserzählung keinesfalls – wie es ein grundschuldidaktischer Mythos vermeintlich glauben lässt – um eine einfache Schreibaufgabe. Gerade in diesem Genre macht sich der Wegfall des interaktiven Unterstützungssystems deutlicher bemerkbar als z.b. beim „schriftnäheren" Genre der Fantasieerzählung (vgl. Kap. 5).

Auch die Studie von Monika Dannerer (2012), die den Erzählerwerb von Klasse 5-12 mündlich und schriftlich untersucht hat, legt nahe, von einem differenzierten und komplexen Verhältnis zwischen den beiden Medialitäten auszugehen. Betrachtet man einzelne sprachliche Aspekte und sprachliche Mittel des Erzählens, so ergeben sich durchaus für einige davon mündlich und schriftlich parallele Erwerbsmuster, wie etwa die Verwendung von Redewiedergabe oder räumlicher sprachlicher Mittel. Andere Mittel wiederum werden im Mündlichen deutlich früher genutzt (Präsens oder indirekte Rede), einige, wie die Konjunktivverwendung, tauchen im Schriftlichen eher auf. Dannerer vermutet allerdings sehr unterschiedliche Ursachen für derartige versetzte Entwicklungen: So beeinflussen neben schulischen Normvorgaben (wie z.B. *Verwende Präteritum!*) auch situationale Faktoren die Entscheidung über die Verwendung bestimmter Sprachformen. Aus der Schreibentwicklungsforschung wissen wir zudem, dass unterschiedliche Textgattungen und -sorten (Erzählen, Beschreiben, Argumentieren) keinen parallelen Entwicklungsverlauf durchmachen müssen. So kann ein Kind möglicherweise schon sehr strukturierte und komplexe Argumentationen schreiben, produziert aber zeitgleich noch eher rudimentäre Erzähltexte (Augst et al. 2007).

Für eine Didaktik des schriftlichen Erzählens stellt sich folglich die Frage, welche Hilfestellungen insbesondere jungen Schreibern im Zuge der Textproduktion bereitgestellt werden sollten. Aktuelle Untersuchungen betonen die Bedeutung von sog. **literalen Prozeduren** (Feilke/Lehnen 2012, Feilke/Bachmann 2014). Diese sind einerseits als mentale Handlungsschemata am Schreibprozess beteiligt und gestalten andererseits das Schreibprodukt in Form kompositioneller und flexibler Elemente aus. Eine Didaktik des schriftlichen Erzählens könnte folglich auf eine Sensibilisierung für literale Prozeduren im Sinne von Textroutinen setzen.

Dagegen hält der schulische Schreibunterricht oftmals eher an einer Favorisierung von Mustern der Höhepunkt- und Pointengeschichten fest (*Als ich einmal Angst hatte* gehört z.B. zu den beliebten Erzählanlässen). Ähnlich standhaft halten sich tradierte Formulierungshilfen beispielsweise Forderungen wie *Verwende die wört-*

liche Rede! oder *Verwende viele schmückende Adjektive!* Problematisch bei solchen normativen Vorgaben ist, dass sie einer empirischen Überprüfung nur selten standhalten können und der kindlichen Schreibentwicklung teils sogar entgegenlaufen (Uhl 2015). Eine elementare und zugleich herausfordernde Aufgabe für das Verfassen schriftlicher Erzählungen ist beispielsweise das Einnehmen einer **Erzählerperspektive.** Dies zu leisten, stellt zugleich einen eigenen Erwerbsschritt in der Schreibentwicklung junger Schreiber dar. Die Vorgabe *Verwende die wörtliche Rede!* lädt im Kontrast dazu zur Einnahme einer Protagonistenperspektive ein. Nachweislich verfallen Kinder, die zu früh mit einer solchen Norm konfrontiert werden, als Ausdruck ihrer Überforderung in einen „pseudo-dialogischen Erzählmodus" (Uhl 2015: 265), bei dem nicht ausreichend zwischen Erzähler- und Protagonistenperspektive differenziert wird und Texte entstehen, die eher an Dialoge innerhalb von Comics erinnern. Ähnlich verhält es sich mit der Forderung *Verwende viele schmückende Adjektive!* Zweifelsohne dienen Adjektive und Adverbien der emotionalen Qualifizierung der Geschehnisse und erfüllen in diesem Sinne die Funktion einer evaluativen Markierung. Kinder, die bereits zu einer strukturierten Textorganisation imstande sind, verwenden ohnehin viele Adjektive unter der beschriebenen Funktion, d.h. für sie ist eine solche Empfehlung obsolet (Uhl 2015). Negativ kann diese Forderung sich dagegen für diejenigen Schüler auswirken, die noch kaum über die Fähigkeit zur Textorganisation verfügen: Bei diesen Kindern stellt das schriftlich-zerdehnte Sprachhandeln der Schreibsituation noch eine solch große Herausforderung dar, dass sich hier ein Mehr an Anforderungen mitunter kontraproduktiv auswirken kann.

Gewinnbringend kann die Schreibdidaktik nutzen, dass viele sprachliche Gestaltungselemente beim schriftlichen Erzählen stärker ausgebaut sind als beim mündlichen, einige von ihnen kommen gar nur im Schriftlichen vor. Diese „Prägnanz der Form" – die auf besondere Weise auch ästhetische Spracherfahrungen ermöglicht – kann gleichermaßen eine Hilfestellung für den Erwerb sein (Feilke 2013: 5). Insbesondere dann, wenn in einem didaktischen „Zirkel des Erzählens" die Tätigkeiten *Lesen*, *Textuntersuchungen* und *Schreiben* eng ineinandergreifen (ebd.). Ausgehend von einer vielfältigen Rezeption unterschiedlicher Erzähltexte gilt es, Kinder auf bestimmte Texteigenschaften und -wirkungen, auf narrative Muster und Funktionen sowie prototypische Gestaltungsmittel aufmerksam zu machen (vgl. auch Uhl 2015) und den Aufbau narrativer Bewusstheit zu stärken (Stude 2013b).

„Weniger kann hier didaktisch oft mehr sein!" schlussfolgert z.B. Feilke (2013) und empfiehlt eine didaktische Konzentration auf jeweils einzelne Komponenten der Erzählstruktur sowie auf die dazugehörigen Ausdrucksformen. Dies kann eingelöst werden, wenn gemeinsam mit den Schülern Reflexionen und Textuntersuchungen angestellt werden – beispielsweise zu den Fragen: Wie ist das Setting in literarischen Modellen gestaltet? Wie lässt sich aus alltäglichen Ereignissen eine unerwartete Wendung herausarbeiten? Welche Funktion erfüllt ein bestimmtes sprachliches Gestaltungsmittel? etc. Insgesamt geht es im Rahmen einer Didaktik des schulischen Erzählens sowohl in der Mündlichkeit als auch der Schriftlichkeit darum, unterschiedliche narrative Aktivitätsmodi zu ermöglichen: Schüler benötigen sowohl geeignete Sprech- und Schreibgelegenheiten für einen narrativen Vollzug als auch Unterrichtsgespräche, die eine Reflexion über eigene und fremde Erzähltexte zum Gegenstand haben (Ohlhus/Stude 2009).

Zusammenfassend sind bei der Vermittlung und Förderung von Erzählkompetenz zu beachten (vgl. Becker 2009, Dannerer 2012):

- Die verschiedenen sprachlichen Mittel differenzieren, analysieren und in ihrer Funktionalität bewusst machen.
- Damit verbunden systematische Arbeit am Wortschatz, gerade auch in Bezug auf für narrative Textmuster angemessene Wörter und Wendungen.
- Unterschiede zwischen mündlichem und schriftlichem Erzählen sollten thematisiert werden.
- Tempora, Redewiedergabe und evaluative Mittel werden in gängigen Schulbüchern zwar thematisiert, jedoch sehr reduziert und normorientiert. Hier sollte das breite Spektrum der Möglichkeiten besser ausgeschöpft werden, auch unter Berücksichtigung von Funktionalität und sprachlicher Kreativität.

Abschließen möchten wir dieses Kapitel mit einem Zitat von Monika Dannerer:

> „Es gilt, für die Förderung der Erzählfähigkeit die Gesamtheit mündlicher und schriftlicher Kommunikationskompetenz insgesamt im Auge zu behalten. Dazu bedarf es der Förderung sprachlichen Bewusstseins bei den SchülerInnen im Hinblick auf Besonderheiten mündlicher und schriftlicher Kommunikation und gesprochener und geschriebener Sprache." (2012: 423)

Aufgabe 1: Diskutieren Sie, wie sich die curricularen Vorgaben im Unterricht umsetzen ließen und welche Schwierigkeiten und Probleme hierbei auftauchen könnten. Nutzen Sie hierfür die Hinweise zum bayerischen Curriculum oder ein weiteres Curriculum Ihrer Wahl.

Aufgabe 2: Ohlhus/Quasthoff (2005: 67) stellten im Rahmen einer Studie mit Kindern der zweiten Klasse fest, „dass die Anforderungen der Schriftlichkeit sich besonders schwerwiegend auf solche Erzählformen auswirken, die sich im Rahmen der supportiven Bedingungen der mündlichen Interaktion entwickelt haben". Erläutern Sie, auf welche Erzählformen hier angespielt wird und was mit diesem Befund gemeint ist.

Grundbegriffe: Sprachstandsverfahren, Testgütekriterien, Zone der nächsten Entwicklung, Erzählkonzept, Erzählkreis, Peer-Tutoring, Schreibprozess

Weiterführende Literatur: Becker (2009); Becker/Wieler (2013); Becker-Mrotzek (2011); Bredel (2001); Dannerer (2012); Ehlich et al. (2005); Feilke (2013); Fienemann/von Kügelgen (2003); Kapica/Klages/Pagonis G. (2014); Morek (2013); Ohlhus/Stude (2009); Quasthoff et al. (2011); Uhl (2015).

Literatur

Andresen, Helga (2011): Erlebtes und Fiktives. Zur Dynamik der Entwicklung von Erlebnis- und Phantasieerzählung im Vorschulalter. In: Hüttis-Graff, Petra/Wieler, Petra (Hg.): Übergänge zwischen Mündlichkeit und Schriftlichkeit im Vor- und Grundschulalter. Freiburg: Fillibach, 151-180.

Averintseva-Klisch, Maria (2013): Textkohärenz. Heidelberg: Winter.

Becker, Tabea (2002): Mündliches und schriftliches Erzählen. Ein Vergleich unter entwicklungstheoretischen Gesichtspunkten. In: Didaktik Deutsch, 12, 23-38.

Becker, Tabea (2005): The role of narrative interaction in narrative development. In: Becker, Tabea/Quasthoff, Uta M. (Hgg.): Narrative Interaction. Amsterdam: John Benjamins, 93-111.

Becker (2009): Erzählentwicklung beschreiben, diagnostizieren und fördern. In: Spiegel, Carmen/Krelle, Michael (Hgg.): Sprechen und Kommunizieren in der Schule. Baltmannsweiler: Schneider Verlag, 64-81.

Becker, Tabea (2011): Erzählkompetenz. In: Martínez, Martin (Hg.): Handbuch Erzählliteratur. Stuttgart: Metzler, 58-63.

Becker, Tabea/Wieler, Petra (Hgg.) (2013): Erzählforschung und -didaktik. Entwicklungslinien – Konzepte – Perspektiven. Tübingen: Stauffenburg.

Becker, Tabea/Licandro, Ulla (2014): Prototypische Problembilder beim Erzählenlernen: Fallbeispiele mit Bezug auf Förderung und Therapie. Sprachförderung und Sprachtherapie in Schule und Praxis, 3, 140-146.

Bergmann, Jörg (1987): Klatsch. Zur Sozialform der diskreten Indiskretion. Berlin/New York: de Gruyter.

Boothe, Brigitte (2011): Das Narrativ. Biografisches Erzählen im psychotherapeutischen Prozess. Stuttgart: Schattauer.

Boueke, Dietrich/Schülein, Frieder/Büscher, Hartmut/Wolf, Hartmann/Wolf, Terhorst (1995): Wie Kinder erzählen. Untersuchungen zur Erzähltheorie und zur Entwicklung narrativer Fähigkeiten. München: W. Fink.

Branner, Rebecca (2005): Humorous disaster and success stories among female adolescents in Germany. In: Quasthoff, Uta M./Becker, Tabea (Hgg.): Narrative Interaction. Amsterdam: John Benjamins, 113-147.

Bredel, Ursula (2001): Ohne Worte - Zum Verhältnis von Grammatik und Textproduktion am Beispiel des Erzählens von Bildergeschichten. In: Didaktik Deutsch, 11, 4-21.

Bruner, Jerome S. (1986): Actual minds, possible words. Cambridge: Harvard University Press.

Bußmann, Hadumod (2002): Lexikon der Sprachwissenschaft. Stuttgart: Kröner.

Conti-Ramsden, Gina/Botting, Nicola (2004): Social difficulties and victimization in children with SLI at 11 years of age. In: Journal of Speech, Language and Hearing Research, 47, 145-161.

Coulmas, Florian (1986): Reported Speech: Some general issues. In: Coulmas, Florian (Hg.): Direct and indirect speech. Berlin: de Gruyter, 1-28.

Dannerer, Monika (2012): Narrative Fähigkeiten und Individualität. Tübingen: Stauffenburg.

Dehn, Mechthild/Merklinger, Daniela/Schüler, Lisa (2014): Erzählerwerb in Erziehungswissenschaft und Didaktik. Deutsche Übersetzungsfassung von Narrative Acquisition in Educational Research and Didactics. In: Hühn, Peter/Pier, John/Schmid, Wolf/Schönert, Jörg/de Gruyter, Walter (Hgg.): Handbook of Narratology. Berlin: de Gruyter, 489-506.

Deppermann, Arnulf (2008): Gespräche analysieren. Eine Einführung. Wiesbaden: VS Verlag.

Drick, Astrid (2015): Sprachförderung im Kindergarten. Baltmannsweiler: Schneider Verlag.

Dudengrammatik (2009). Hrsg. von der Dudenredaktion. Mannheim: Dudenverlag.

Ehlich, Konrad/Rehbein, Jochen (1980): Sprache in Institutionen. In: Althaus, Hans Peter/Henne, Helmut/Wiegand, Herbert E. (Hgg.): Lexikon der Germanistischen Linguistik. Tübingen: Niemeyer, 338-345.

Ehlich, Konrad (1983): Alltägliches Erzählen. In: Sanders, Willy/Wegenast, Klaus (Hgg.): Erzählen für Kinder – Erzählen von Gott. Stuttgart: Kohlhammer, 128-150.

Ehlich, Konrad/van den Bergh, Huub/Bredel, Ursula/Garme, Brigitta/Komor, Anna/Krumm, Hans-Jürgen/McNamara, Tim/Reich, Hans H./Schnieders, Guido/ten Thije, Jan D. (2005): Anforderungen an Verfahren der regelmäßigen Sprachstandsfeststellung als Grundlage für die frühe und individuelle Förderung von Kindern mit und ohne Migrationshintergrund. Berlin: BMBF (Bildungsforschung 11).

Fahrenwald, Claudia (2011): Erzählen im Kontext neuer Lernkulturen. Eine bildungstheoretische Analyse im Spannungsfeld von Wissen, Lernen und Subjekt. Wiesbaden: VS Verlag.

Feilke, Helmuth (2006): Literalität – Kultur – Handlung – Struktur. In: Panagiotopoulou, Argyro/Wintermeyer, Monika (Hgg.): Schriftlichkeit interdisziplinär. Voraussetzungen, Hindernisse und Fördermöglichkeiten. Frankfurt a. M.: Johann Wolfgang Goethe-Universität, 13-30.

Feilke, Helmuth (2013): Erzählungen gestalten – Erzählungen schreiben. In: Praxis Deutsch, 239, 4-12.

Feilke, Helmuth/Bachmann, Thomas (Hgg.) (2014): Werkzeuge des Schreibens. Beiträge zu einer Didaktik der Textprozeduren. Stuttgart: Fillibach bei Klett.

Feilke, Helmuth/Lehnen, Katrin (2012) (Hgg.): Schreib- und Textroutinen. Theorie, Erwerb und didaktisch-mediale Modellierung. Frankfurt a.M.: Peter Lang.

Fienemann, Jutta/von Kügelgen, Rainer (2003): Formen mündlicher Kommunikation in Lehr- und Lernprozessen. In: Bredel, Ursula/Günther, Hartmut/Klotz, Peter/Ossner, Jakob/Siebert-Ott, Gesa (Hgg.): Didaktik der deutschen Sprache. Paderborn: Schöningh, 133-146.

Gressnich, Eva/Müller, Claudia/Stark, Linda (Hgg.) (2015): Lernen durch Vorlesen. Sprach- und Literaturerwerb in Familie, Kindergarten und Schule. Tübingen: Narr Francke Attempto.

Grießhaber, Wilhelm (2010): Spracherwerbsprozesse in Erst- und Zweitsprache. Eine Einführung. Duisburg: Universitätsverlag Rhein-Ruhr.

Guckelsberger, Susanne/Reich, Hans H. (2008): Diskursive Basisqualifikation. In: Ehlich, Konrad/Bredel, Ursula/Reich, Hans H. (Hgg.): Referenzrahmen zur altersspezifischen Sprachaneignung. Forschungsgrundlagen. Bonn/Berlin: Bundesministerium für Bildung und Forschung, 83-93.

Gülich, Elisabeth (1990): Erzählte Gespräche in Marcel Prousts „Un Amour de Swann". In: Zeitschrift für französische Sprache und Literatur, Bd. 100, 89-108.

Gülich, Elisabeth (2005): Unbeschreibbarkeit. Rhetorischer Topos – Gattungsmerkmal – Formulierungsressource. In: Gesprächsforschung. Online-Zeitschrift zur verbalen Interaktion, 6, 222-244.

Gülich, Elisabeth/Schöndienst, Martin/Surmann, Volker (Hgg.) (2002): Wie Anfälle zur Sprache kommen. Themenheft der Zeitschrift Psychotherapie und Sozialwissenschaft, 2.

Gülich, Elisabeth/Hausendorf, Heiko (2012): Träume im Gespräch. Linguistische Überlegungen zur Erzählbarkeit von Träumen. In: Kern, Friederike/Morek, Miriam/Ohlhus, Sören (Hgg.): Erzählen als Formen – Formen des Erzählens. Berlin: de Gruyter, 13-47.

Günthner, Susanne (1995): Gattungen in der sozialen Praxis. Die Analyse 'kommunikativer Gattungen' als Textsorten mündlicher Kommunikation. In: Deutsche Sprache, 3, 193-218.

Günthner, Susanne (1997): Direkte und indirekte Rede in Alltagsgesprächen. Zur Interaktion von Syntax und Prosodie in der Redewiedergabe. In: Schlobinski, Peter (Hg.): Syntax des gesprochenen Deutsch. Opladen: WDV, 227-262.

Günthner, Susanne (2002): Stimmenvielfalt im Diskurs. Formen der Stilisierung und Ästhetisierung in der Redewiedergabe. In: Gesprächsforschung. Online Zeitschrift zur verbalen Interaktion, 3, 59-80.

Günthner, Susanne (2005): Narrative reconstructions of past experiences. Adjustments and modifications in the process of recontextualizing a past experience. In: Quasthoff, Uta M./Becker, Tabea (Hgg.): Narrative Interaction. Amsterdam: John Benjamins, 285-301.

Günthner, Susanne (2012): Kleine interaktionale Erzählungen als Ressourcen der Fremd- und Selbstdarstellung. In: Kern, Friederike/Morek, Miriam/Ohlhus, Sören (Hgg.): Erzählen als Formen – Formen des Erzählens. Berlin: de Gruyter, 65-83.

Hamburger, Käte (1957): Die Logik der Dichtung. Stuttgart: Ernst Klett.

Hausendorf, Heiko/Quasthoff, Uta M. (1996): Sprachentwicklung und Interaktion. Eine linguistische Studie zum Erwerb von Diskursfähigkeiten. Opladen: Westdeutscher Verlag (Neuauflage 2005, Radolfzell: Verlag für Gesprächsforschung).

Hausendorf, Heiko /Quasthoff, Uta M. (2005): Konversations-/Diskursanalyse: (Sprach-)Entwicklung durch Interaktion. In: Mey, Günter (Hg.): Qualitative Forschung in der Entwicklungspsychologie. Köln: Kölner Studien Verlag, 585 - 618.

Heller, Vivien/Morek, Miriam (2016): Gesprächsanalyse. In: Boelmann, Jan (Hg.): Empirische Bildungsforschung in der Deutschdidaktik. Baltmannsweiler: Schneider, 207-231.

Hoffmann, Ludger (1984): Zur Ausbildung der Erzählkompetenz: eine methodische Perspektive. In: Ehlich, Konrad (Hg.): Erzählen in der Schule. Tübingen: Narr, 202-222.

Kapica, Natalia/Klages, Hana/Pagonis, Giulio (2014): Narrative Kompetenz: Anforderungen an ein Verfahren der Sprachstandsfeststellung im Elementarbereich. In: Zeitschrift für Interkulturellen Fremdsprachenunterricht 19/2, 5-19.

Katz-Bernstein, Nitza/Schröder, Anja (2012): „Erzähle, ich hör dir zu!" – Die Bedeutung der interaktiven Position für Sprachförderung und Sprachtherapie. In: Kern, Friederike/Morek, Miriam/Ohlhus, Sören (Hgg.): Erzählen als Form – Formen des Erzählens. Reihe germanistische Linguistik. Berlin: de Gruyter, 129-146.

Kauschke, Christina (2012): Kindlicher Spracherwerb im Deutschen. Verläufe, Forschungsmethoden, Erklärungsansätze. Berlin: De Gruyter.

Klann-Delius, Gisela (2005): Erzählen in der kindlichen Entwicklung. In: Wieler, Petra (Hg.): Narratives Lernen in medialen und anderen Kontexten. Freiburg: Fillibach, 13-27.

Koch, Peter/Oesterreicher, Wulf (1985): Sprache der Nähe – Sprache der Distanz. Mündlichkeit und Schriftlichkeit im Spannungsfeld von Sprachtheorie und Sprachgeschichte. In: Gernert, Folke/Jacob, Daniel/Nelting, David/Schmitt, Christian/Selig, Maria/Zepp, Susanne (Hgg.): Romanistisches Jahrbuch, 36, 15-43.

Kotthoff, Helga (2006): Bewusst oder habituell? – Wie Kinder und Erwachsene Kommunikation lernen. In: Nuissl, Ekkehard (Hg.): Vom Lernen zum Lehren. Bielefeld: Bertelsmann, 59-74.

Kotthoff, Helga (2011): Besondere Formen des Erzählens in Interaktionen. In: Habscheidt, Stephan (Hg.): Textsorten, Handlungsmuster, Oberflächen. Linguistische Typologien der Kommunikation. Berlin: de Gruyter, 389-413.

Kümmerling-Meibauer, Bettina (2012): Bilder intermedial. Visuelle Codes erfassen. In: Pompe, Anja (Hg.): Literarisches Lernen im Anfangsunterricht. Baltmannsweiler: Schneider, 58-72.

Kümmerling-Meibauer, Bettina/Meibauer, Jörg (2015): Picturebooks and early literacy. How do picturebooks support early conceptual and narrative development. In: Kümmerling-Meibauer, Bettina et al. (Hgg.): Learning from Picturebooks. Perspectives from child development and literacy Studies. New York: Routledge, 13-32.

Labov, William/Waletzky, Joshua (1967): Narrative Analysis. Oral Versions of personal Experience. In: Helm, June (Hg.): Essays on the Verbal and Visual Arts, Seattle: University of Washington Press, 12-44.

Labov, William/Waletzky, Joshua (1973): Erzählanalyse: Mündliche Versionen persönlicher Erfahrung. In: Ihwe, Jens (Hg.): Literaturwissenschaft und Linguistik. Bd. 2. Frankfurt/M.: Fischer-Athenäum, 78-126.

Labov, William (2013): The language of life and death. The transformation of experience in oral narrative. Cambridge: University Press.

Licandro, Ulla (2016): Narrative Skills of Young Dual Language Learners. Acquisition and Peer-Mediated Support in Early Childhood Education and Care. Wiesbaden: Springer VS.

Licandro, Ulla/Lüdtke, Ulrike (2013): Peer-Interaktionen – Sprachbildung in und durch die Gruppe. Nifbe Themenheft zum Bildungsschwerpunkt „Übergang KiTa – Grundschule".

Lucius-Hoene, Gabriele/Deppermann, Arnulf (2004): Narrative Identität und Positionierung. In: Gesprächsforschung. Online-Zeitschrift zur verbalen Interaktion, 5, 166-183.

Luckmann, Thomas (1986): Grundformen der gesellschaftlichen Vermittlung des Wissens: Kommunikative Gattungen. In: Kölner Zeitschrift für Soziologie und Sozialpsychologie, 27, 191-211.

Martínez, Martin (2011): Handbuch Erzählliteratur. Stuttgart: Metzler.

Meng, Katharina (1991): Erzählen und Zuhören bei Drei- und Sechsjährigen. Eine Längsschnittstudie zur Aneignung der Erzählkompetenz. In: Meng, Katharina/Kraft, Barbara/Nitsche, Ulla (Hgg.): Kommunikation im Kindergarten. Studien zur Aneignung der kommunikativen Kompetenz. Berlin: Akademie Verlag, 20-131.

Meng, Katharina (1995): Narrative Sozialisation. In: Der Deutschunterricht, 1, 100-107.

Morek, Miriam (2012): Kinder erklären – Interaktionen in Familie und Unterricht im Vergleich. Tübingen: Stauffenburg.

Morek, Miriam (2013): Erzählkreis: Narrativ eingebettete Erklärsequenzen als authentische Gesprächsanlässe im Unterricht. In: Becker, Tabea/Wieler, Petra (Hgg.): Erzählforschung und -didaktik. Tübingen: Stauffenburg, 73-98.

Mückel, Wenke (2013): Bericht. In: Rothstein, Björn/Müller, Claudia (Hgg.): Kernbegriffe der Sprachdidaktik Deutsch. Ein Handbuch. Baltmannsweiler: Schneider, 13-16.

Müller, Claudia (2012): Kindliche Erzählfähigkeiten und (schrift-) sprachsozialisatorische Einflüsse in der Familie. Eine longitudinale Einzelfallstudie mit ein- und mehrsprachigen (Vor-)Schulkindern. Baltmannsweiler: Schneider.

Müller, Claudia/Stark, Linda (2015): Sprachdidaktische Nutzung von Kinderliteratur: Anregungen für die Sprachförderpraxis im Elementar- und Primarbereich. In: Eder, Ulrike (Hg.): Sprache erleben und lernen mit Kinder- und Jugendliteratur. Wien: Praesens, 95-117.

Ochs, Elinor/Capps, Lisa (2001): Living Narrative. Creating Lives in Everyday Storytelling. Cambridge: Cambridge University Press.

Ohlhus, Sören (2014): Erzählen als Prozess. Interaktive Organisation und narrative Verfahren in mündlichen Erzählungen von Grundschulkindern. Tübingen: Stauffenburg.

Ohlhus, Sören/Quasthoff, Uta M. (2005): Genredifferenzen beim mündlichen und schriftlichen Erzählen im Grundschulalter. In: Wieler, Petra (Hg.): Narratives Lernen in medialen und anderen Kontexten. Freiburg: Fillibach, 49-68.

Ohlhus, Sören/Stude, Juliane (2009): Erzählen im Unterricht der Grundschule. In: Becker-Mrotzek, Michael (Hg.): Mündliche Kommunikation und Gesprächsdidaktik. Baltmannsweiler: Schneider, 471-486.

O'Neill, Danielle K. (2005): Talking about "new" information: The given/new distinction and children's developing theory of mind. In: Astington, Janet W./Baird, Jodie A. (Hgg.): Why language matters for theory of mind. Oxford: Oxford University Press, 84-105.

Peterson, Carol/McCabe, Allyssa (1983): Developmental psycholinguistics: Three ways of looking at a child's narrative. New York: Plenum Press.

Quasthoff, Uta M. (1980): Erzählen in Gesprächen. Tübingen: Narr.
Quasthoff, Uta M. (2001): Erzählen als interaktive Gesprächsstruktur. In: Brinker, Klaus et al. (Hgg.): Text- und Gesprächslinguistik – Linguistics of Text and Conversation. New York: de Gruyter, 1293-1309.
Quasthoff, Uta M./Kern, Friederike (2005): Fantasy stories and conversational narratives of personal experience: Genre-specific, interactional and developmental perspectives. In: Quasthoff, Uta M./Becker, Tabea (Hgg.): Narrative Interaction. Amsterdam: John Benjamins, 15-56.
Quasthoff, Uta M./Kern, Friederike (2007): Familiale Interaktionsmuster und kindliche Diskursfähigkeit: Mögliche Auswirkungen interaktiver Stile auf diskursive Praktiken und Kompetenzen bei Schulkindern. In: Hausendorf, Heiko (Hg.): Gespräch als Prozess. Tübingen: Narr, 277-306.
Quasthoff, Uta M. (2009): Entwicklung der mündlichen Kommunikationskompetenz. In: Becker-Mrotzek, Michael (Hg.): Mündliche Kommunikation und Gesprächsdidaktik. Baltmannsweiler: Schneider, 84-100.
Quasthoff, Uta M./Ohlhus, Sören/Stude, Juliane (2009): Der Erwerb von Textproduktionskompetenz im Grundschulalter. Ressourcen aus der Mündlichkeit und ihre unterschiedliche Nutzung. In: Zeitschrift für Grundschulforschung. Bildung im Elementar- und Primarbereich, 2, 56-68.
Quasthoff, Uta/Fried, Lilian/Katz-Bernstein, Nitza/Lengning, Anke/Schröder, Anja/Stude, Juliane (2011): (Vor)Schulkinder erzählen im Gespräch. Kompetenzunterschiede systematisch erkennen und fördern. Baltmannsweiler: Schneider.
Rickheit, Gerd/Schade, Ulrich (2000): Kohärenz und Kohäsion. In: Brinker, Klaus/Antos, Gerd/Heinemann, Wolfgang/Sager, Sven F. (Hgg.): Text- und Gesprächslinguistik – Linguistics of Text and Conversation. Berlin/New York: de Gruyter, 275-283.
Rothstein, Björn (2007): Tempus. Heidelberg: Winter.
Rothweiler, Monika (2015): Spracherwerb. In: Meibauer, Jörg/Demske, Ulrike/Geilfuß-Wolfgang, Jochen/Pafel, Jürgen/Ramers, Karl-Heinz/Rothweiler, Monika/Steinbach, Markus (Hgg.): Einführung in die germanistische Linguistik. Stuttgart/Weimar: Metzler. 255-297.
Schumann, Elke/Gülich, Elisabeth/Lucius-Hoene, Gabriele/Pfänder, Stefan (Hgg.) (2015): Wiedererzählen: Formen und Funktionen einer kulturellen Praxis. Bielefeld: Transcript Verlag.
Selting, Margret/Auer, Peter/Barden, Birgit/Bergmann, Jörg/Couper-Kuhlen, Elisabeth/Günthner, Susanne/Meier, Christoph/Quasthoff, Uta/Schlobinski, Peter/Uhlmann, Susanne (1998): Gesprächsanalytisches Transkriptionssystem. In: Linguistische Berichte, 173, 91-122.
Selting, Margret/Auer, Peter/Barth-Weingarten, Dagmar/Bergmann, Jörg/Bergmann, Pia/Couper-Kuhlen, Elisabeth/Deppermann, Arnulf/Gilles, Peter/Günthner, Susanne/Hartung, Martin/Kern, Friederike/Mertzlufft, Christine/Meyer, Christian/Morek, Miriam/Oberzaucher, Frank/Peters, Jörg/Quasthoff, Uta/Schütte, Wilfried/Stukenbrock, Anja/Uhlmann, Susanne (2009): Gesprächsanalytisches Transkriptionssystem 2. In: Gesprächsforschung. Online-Zeitschrift zur verbalen Interaktion, 10, 353-402.
Sohmer, Richard/Michaels, Sarah (2005): The „Two-Puppies" Story. The role of narrative in teaching and learning science. In: Quasthoff, Uta M./Becker, Tabea (Hgg.): Narrative Interaction. Amsterdam: John Benjamins, 57-92.

Stude, Juliane (2013a): Kinder sprechen über Sprache - Eine Untersuchung zu interaktiven Ressourcen des frühen Erwerbs metasprachlicher Kompetenzen. Stuttgart: Fillibach bei Klett.

Stude, Juliane (2013b). Narrative Bewusstheit als Ressource des Erzählerwerbs – Welche Einsichten uns kindliche Kommentare zum eigenen Erzählen liefern. In: Becker, Tabea/Wieler, Petra (Hgg.): Erzählforschung und Erzähldidaktik heute. Entwicklungslinien, Konzepte, Perspektiven. Tübingen: Stauffenburg, 53-71.

Tannen, Deborah (1989): Talking Voices. Repetition, dialogue, and imagery in conversational discourse. Cambridge: University Press.

Thieroff, Rolf (1992): Das finite Verb im Deutschen. Tempus – Modus – Distanz. Tübingen: Stauffenburg.

Topalović, Elvira/Uhl, Benjamin (2014): Linguistik des literarischen Erzählens. In: Zeitschrift für germanistische Linguistik, 42 (1), 26-49.

Uhl, Benjamin (2015): Tempus, Narration und Medialität. Eine Studie über die Entwicklung schriftlicher Erzählfähigkeit an der Schnittstelle zwischen Grammatik und Schreiben. Baltmannsweiler: Schneider.

Wieler, Petra (1997): Vorlesen in der Familie. Fallstudien zur literarisch-kulturellen Sozialisation von Vierjährigen. Weinheim: Juventa.

Wortham, Stanton (2000): Interactional Positioning and Narrative Self-Construction. Narrative Inquiry, 10, 157-184.

Quellen:
Tagebuch eines halbwüchsigen Mädchens. Herausgegeben von Hanne Kulessa. Suhrkamp, 1987.

Glossar

Abstract kurze thematische Zusammenfassung der nachfolgenden Erzählung

Coda kurze Zusammenfassung und Ausleitung der Erzählung mit der Funktion der Rückführung ins Hier-und-Jetzt der Gesprächssituation

Deixis Vorgang des Zeigens und Hinweisens durch sprachliche Mittel auf Außersprachliches (z.B. *ich, du, hier, da*), aber auch auf Innersprachliches (Textdeixis)

Diskurs Prozess der Textäußerung/ Sprechhandlung, auch: zusammenhängende Rede

Diskurspartikel Gesprächswörter zur Strukturierung des Gesagten (z.B. *also, wohl*)

Ellipse Auslassung von Redeteilen, die mitverstanden werden

homileïscher Diskurs Kommunikation im Alltag mit hoher Unterhaltungsorientierung

Klitisierungen Anlehnung eines Wortes an das folgende oder vorhergehende (z.B. *gehste* für *gehst du* oder *'s war* für *es war*)

Kohärenz semantisch-logische Verbindung; Zusammenhang von Inhalt und Bedeutung

Kohäsion Zusammenhang durch formale Verknüpfungen auf der Textoberfläche

Ko-Konstruktion gemeinsames Erstellen einer Erzählsituation mit primären und sekundären Sprechern

Komplikation unerwartetes Ereignis; etwas Ungewöhnliches in der Erzählung

Kontextualisierung Einpassen einer Diskurseinheit (z.B. Erzählung) in den Situations-/Gesprächskontext

Koreferenz Merkmal sprachlicher Ausdrücke, sich auf dasselbe außersprachliche Objekt beziehen zu können

Linearität Reihenfolge, in der sprachliche Inhalte geäußert werden

Literalität an der Schriftsprache und konzeptioneller Schriftlichkeit orientiert

Markierung Hervorheben strukturell zentraler Elemente und Eigenschaften einer Erzählung durch sprachliche Mittel

Medialität das Medium betreffend, in dem erzählt wird (geschrieben, gesprochen)

Modalität Art und Weise des Erzählens

Modus grammatische Kategorie des Verbs, um subjektive Einstellung des Sprechers auszudrücken

Orientierung Berücksichtigung notwendiger Informationen in einer Erzählung (wer, wo, was, wann)

Planbruch unerwartetes/ ungewöhnliches Ereignis

Proform steht für etwas bereits Eingeführtes/ ersetzt dieses

Rekurrenz Wiederholung von Elementen im Text

Scripts innere Szenarien, in denen bestimmte Handlungen wiederkehrend vorkommen („mentale Drehbücher")

szenisches Präsens gezielter Einsatz der Gegenwartsform, um den Hörer in das Erzählte einzubeziehen

Tempora Zeitstufen, durch die das Erlebte beim Sprechen in Beziehung gesetzt wird

Transkript Verschriftung gesprochener Sprache mit Berücksichtigung von wahrgenommenen kommunikativen Verhaltensweisen

Turn-by-turn-Talk dialogischer Wechsel von Rede und Gegenrede

Sachregister

Abstract 8, 13, 22, 45, 82
Alltagserzählen 1, 45, 85
Aspekt 26
Auflösung 8, 22f., 64f., 69, 83
Autorenschaft 11, 13
Berichten 5, 8ff., 15, 64, 66, 69. 79f.
Berichtete Rede 30
Beschreiben 5, 15
Bibliotherapie 56
Coda 22ff.
Deixis 29
Dialog 32f.
Direkte Rede 29f., 33, 42
Diskurs 6f., 12f., 24f.
Diskurspartikel 42
Einbettung 6f., 11, 13, 70f.
Ellipse 20f., 41, 71
Erklären 8
Erlebte Rede 30ff.
Erzählbedingungen 46
Erzählen 1 5, 10, 15
Erzählen 2 5, 10
Erzählform 10, 35, 44ff., 63, 69ff.
Erzählgenre 35, 44
Erzählkompetenz 71f., 77, 89
Erzählwürdigkeit 11, 13, 15f., 50
Evaluation 9, 22f., 30
Evaluative Mittel 89
Fremdpositionierung 52, 54ff.
Funktionen des Erzählens 48ff., 83, 89
Geflechterzählung 50f.
Globale Zugzwänge 65
Global-strukturierte Erzählung 63
Homileïscher Diskurs 50
Indirekte Rede 29ff., 87
Interindividuelle Unterschiede 63
Intraindividuelle Unterschiede 63
Jobs 24
Klitisierungen 15, 41
Kognitive Voraussetzungen 68
Kohärenz 20
Kohäsion 20f.
Ko-Konstruktion 73
Kommunikative Gattungen 7
Komplikation 8, 10, 22f., 31, 64f., 69

Kontextualisierung 64f., 67, 78
Kontinuum 10, 12, 14ff., 43
Koreferenz 20
Lexik 11, 41
Linearität 12, 14f.
Literalität 11, 14
Literarität 11, 14f.
Markierung 64, 66f., 74, 78, 88
Mentale Repräsentation 61, 68
Modus 29
Monolog 12, 41, 45
Narrative Identität 52
Narrative Kompetenz 63ff., 71, 78
Narrative Strukturen 22, 74, 83ff.
Orientierung 8, 22, 64, 69, 73
Planbruch 8, 10, 23, 64, 78
Primärer Sprecher 7, 12, 50
Proformen 20f.
Prosodisch 19, 30, 34, 43
Prototypisches Erzählen 10ff., 16f., 40, 43
Redewiedergabe 29f., 32, 34, 42f., 87, 89
Rekurrenz 20f.
Relevanzpunkt 23, 69, 83
Reparaturen 41
Retold Stories 46, 49
Satz 6, 18ff.
Scripts 68f.
Selbstpositionierung 52f., 56
Sozial-kognitive Voraussetzungen 68f.
Sprachliche Mittel 16, 21, 34, 45, 87
Storytelling 1
Strukturelemente 65, 67, 69, 73
Syntax 11, 41
Szenisches Präsens 27
Temporaladverbien 10
Tempus 25, 28, 32, 42
Text 18, 20ff., 41f., 73, 86, 88f.
Textgattung 25, 87
Theory-of-mind 69
Transkript 2f., 13, 19, 31
Turn-by-turn-Talk 6f.
Unspezifisches Erzählen 12, 14
Übersatzmäßige Diskurseinheit 6f., 64
Verba dicendi 29ff., 33, 42f.
Verbum credendi 30
Verschleifungen 3, 15, 41
Vertextung 64, 67, 74, 78